函谷關

中國古代關隘，故址在河南靈寶市的王垛村。據傳，老子於函谷關著述《道德經》，第五屆老子文化論壇因而在此舉行，本書作者陳鼓應獲邀開幕致詞。

圖／李歡歡攝影

老子出生地——河南鹿邑，太清宮

東漢桓帝首在此地修建老子廟，唐高祖李淵奉老子為始祖，以老子廟為太廟，建宮闕殿宇；唐開元三年（七四二年），唐玄宗李隆基改廟名為太清宮，名稱延續至今。

圖／老子學院（研究院）提供

太清宮之太極殿

始建於東漢延熹八年（一六五年），太極殿內供奉老子塑像，殿前有兩棵古柏，據說為老子手植，至今已有兩千餘年。右側牆上嵌有元世祖忽必烈為保護老子故里而頒布的聖旨。

圖／老子學院（研究院）提供

太清宮之聖母殿

殿內供奉老子的母親（中）、孔子的母親（右）、佛陀的母親（左），象徵儒釋道三教匯通。

圖／李歡歡攝影

老子講學處——升仙臺

相傳老子修道成仙，於此處飛升，因而得名，宋真宗追封老子為「太上老君混元上德皇帝」，故又名老君臺。

圖／老子學院（研究院）提供

孔子入周問禮碑

石碑立於清雍正五年（一七二八年），位在河南洛陽瀍河區東關大街。碑上刻「孔子入周問禮樂至此」，孔子曾在此問禮於老子。

圖／取自網路

老子學院（研究院）全景，位於河南鹿邑。

圖／老子學院（研究院）提供

老子

導讀及譯註

你的第一本道德經入門書

陳鼓應——著

陳佩君／許瑞娟
蔣麗梅／苗　玥——編修

目錄

前言

一

我從上世紀六〇年代中期開始進入老莊研究的領域。一九六七年，臺灣商務印書館組織編寫《古籍今註今譯》系列叢書。我應邀編寫其中《老子今註今譯及評介》、《莊子今註今譯》二書；一九七〇年完成前者。本書為《老子今註今譯》普及本，以中華書局出版據華亭張氏所刊王弼本為主。王本中有誤字或錯簡的，根據其他古本或近代校詁學者的考訂修正。

一九七三年，湖南長沙馬王堆出土帛書《老子》兩種。一九九三年，湖北荊門郭店又出土了三組竹简《老子》摘抄本，並於一九九八年匯編成冊（由北京文物出版社印行）。同年五月，美國達慕思大學（Dartmouth College）舉辦國際研討會，邀請全球三十餘位老學專家及考古學者共同研討竹簡《老子》，並將其內容公布於世。我根據這些出土文獻先後三次修訂了《老子今註今譯》。

郭店《老子》的出土，不僅打破了《老子》晚出說的謬誤，也大大拓展了老學廣闊的思想空間。比如郭店《老子》甲本開篇就說「絕偽棄詐，民復孝慈」，而非通行本《老子》第十九章的「絕仁棄義，民復孝慈」，其中並沒有今本《老子》中所見的反儒傾向。關於孔、老在倫理政教議題上的互補與會通之處，我在本次修訂的普及本中進行了相關的論述。

二

本書歷時近一年完成修訂，在《老子今註今譯及評介》的基礎上進行精簡，新增「導言」和「賞析與點評」，拓展讀者對於《老子》重要議題的理解。在此之前，藉著香港中華書局「新視野中華經典文庫」的出版契機，我曾於二〇一二年在北京師範大學蔣麗梅副教授的協助下，完成《老子導讀及譯註》。那是我第一次進行《老子》註譯的普及，這次的修訂是在那一稿基礎上的第二稿，先後由中國文化大學陳佩君副教授、政治大學許瑞娟博士和北京大學哲學博士、北方工業大學講師苗玥協助完成。今後，我計畫陸續完成「三玄四典」的其他幾本，即《莊子》、《易經》和《易傳》的修訂普及工作，希望能引領更多的讀者進入古典文獻的領域。

二〇二二年四月

「道」：萬物的本原——《老子》導讀

一、老子其人其書

老聃，世人尊稱為老子（約西元前五七〇年—？），一如尊稱孔丘為孔子、墨翟為墨子（「子」為先生之意）。司馬遷說：「姓李氏，名耳。」這是漢人的說法。根據高亨先生考訂，春秋二百四十年間並無「李」姓，但有「老」姓。「老」、「李」一音之轉，老子原姓老，後以音同變為李。而「耳」、「聃」字義相近，故稱作耳。總之，「老聃」被尊稱為「老子」在先秦典籍中屢見，毋庸置疑。

老子是陳國人，後陳被楚滅，故稱楚人。「楚苦縣厲鄉」，即後來的安徽亳州府，現在隸屬於河南省鹿邑縣。老子曾為周朝史官，《史記》稱他為「周守藏室之史」；「守藏史」相當於國家圖書館館長。司馬遷說：「孔子之所嚴事者，於周則老子，……於楚，老萊子。」（《史記．仲尼弟子列傳》）孔子分別問學於老子與老萊子，都有著作傳世，著書篇目各不相同（「老子著書上下篇」，「老萊子亦楚人也，著書十五篇」）。可見老子和老萊子並非一人。

老子與孔子同時代，孔子生於魯襄公二十二年（西元前五五一年），老子約生於西元前五七〇年左右，約比孔子年長二十歲上下。《史記》記載「孔子問禮於老子」之事，當屬史實。先秦典籍如《莊子》、《呂氏春秋》及《禮記．曾子問》等不同典籍都曾提及此事。

《呂氏春秋．當染》說：「孔子學於老聃。」老子和孔子的關係亦師亦友，在多種文獻記載中值得我們留意的有這幾點：

一、同源異流：老子與孔子同是殷周文化的繼承者與創新者。同源中的「異流」則是孔子為中國文化史上繼往開來的第一人，其「有教無類」、「誨人不倦」的精神，更使他成為教育史上的「萬世師表」。老子則是中國哲學的開創者，他所建構的「道」論，不僅發先秦諸子所未發，更成為中國古典哲學的主幹。

二、文化與哲學的對話：文化的孔子與哲學的老子進行對話，二人談論的細節雖不得而知，但從各書記載中可以窺知孔子的問題屬於文化層面（「禮」），而老子的解答則總會從文化的議題引向哲學層面（「道」）。故孔、老間的對話就是屬於文化與哲學的對話。

三、對話的開放心態：儒、道開創人首次的對話，彼此學術間的立場與觀點雖異，而對話的心態則是真摯而開放的。這和後來孟子攻擊楊、墨，以及宋明儒者為了維護道統而排斥佛、老的狹隘心態相較，真有天壤之別。故老、孔之間的對話誠為思想史上令人神往的一個開端。

老子是中國哲學的開山祖，老聃自著的《老子》是先秦哲學中最早的一本哲學著作。《史記》明確記載老子「著書上下篇，言道德之意，五千餘言」。司馬遷這裡所說老子著書的篇目、主旨和字數，都與通行本《老子》相吻合。一九九三年，湖北荊門郭店村出土竹簡《老子》，這是繼一九七三年湖南長沙馬王堆鄉出土帛書《老子》以來，出土的年代最早的《老子》抄本，其下葬時間約在西元前四世紀末（戰國中期）。考慮到文本的撰寫和傳抄時間都要早於西元前四世紀末（戰國中期），我們說，郭店《老子》的問世有力地推翻了《老子》晚出說的謬誤。

陳楚文化圈是孕育老子思想的原鄉，中年以後他入朝任史官，長期沉浸在中原文化的核心地帶。他長於思索宇宙的奧祕及人生的哲理，在孔子到周室拜訪他時，他已是當時學術界的泰斗。隨著他那精簡而深刻的著作流傳各地，我們從先秦典籍廣泛引用《老子》書中的重要概念與文句，可以證實它成書之早與影響之廣。如《論語．憲問》引用《老子．六十三章》的「報怨以德」說：「或曰：『以德報怨，何如？』」；其後，《墨子》引用《老子》觀念與文句約十條，《管子》引用《老子》觀念與文句多達三十一條，《莊子》引用《老子》觀念與文句多達一百二十二條，《荀子》引用《老子》觀念與文句十三條，《韓非子》引用《老子》觀念與文句達七十二條，《呂氏春秋》引用《老子》觀念與文句多達二十九條。由此可見，《老子》思想對道儒墨法各家各派影響的廣遠。

二、老子思想概要

林語堂在他的英文著作《老子的智慧》（*The Wisdom of Laotse*）中說：「孔子的學說過於崇尚現實，太缺乏想像的意涵。」「孔子的哲學是維護傳統秩序的哲學，主要處理的是平凡世界中的倫常關係，不但不令人激奮，反易磨損一個人對精神方面的渴求，以及幻想馳奔的本性。」這裡隱約道出儒家是透過社會規範的建立，以提高人的道德價值；道家是透過哲學精神的建立，以提升人的心靈境界。林語堂又說：「儒道兩家的差別，在西元前一三六年，漢武帝獨尊儒術後，被明顯地劃分出來：官吏尊孔，作家與詩人則欣賞老莊。」這裡指出漢以後，儒道分途，儒家在中國政治社會中成為顯文化及官方哲學，而道家則成為潛文化及民間哲學。

陳榮捷在他的英文著作《中國哲學文獻選編》（*A Source Book in Chinese Philosophy*）中說：「假如沒有《老子》這本書的話，中國文化與中國人的性格將會截然不同。……假如不能真正領會這本小書裡的玄妙哲思，我們就不能期望他可以理解中國的哲學、宗教、政治、藝術和醫藥。」又說：「在某些層面，道家進入生命之道更深更遠，所以雖然古代從諸子百家都各道其道，但道家卻得獨享其名。」

進入老子的思想領域，讓我們先從他的「道」談起。

（一）可道之道與不可道之「道」

「道」不僅是中國文化的象徵，也是中國哲學的最高範疇。而第一位將道視為最高範疇的哲學家就是老子。《老子》第一章便指明「道」是天地萬物之始源：

> 道可道，非常道；名可名，非常名。無，名天地之始；有，名萬物之母。

老子是第一個將道提升至形而上地位的哲學家，他認為一切萬物皆由道所出，甚至連天地都由道而來。但是道一開始並非具有形而上意味，因此我們有必要先說明「道」的原義及其如何轉化到形而上的道。

「道」這個象形文字本身就具有特殊的意涵。道從「首」從「走」，象徵著人從四肢落地的動物群中抬起頭來，當人類昂首挺立開始活動，便在天地間創造出一部輝煌的歷史。所以在「道」的字源中，就隱含著行走的意象與創造的意義，所以老莊說「道行之而成」，又說道創生萬物（「道生之」）。

「道」的字義由行走、運行引申出秩序、方法、規准、法則等意涵。這些重要意涵，為老子之前的思想家及老子之後的戰國諸子所共同使用，並各自賦予特殊的內涵。自殷周以降，人們探索日月星辰等天象運行的規律，稱作「天道」；建立人類社會行為的規範，叫作「人道」。各家的關注雖有所不同，如孔子「罕言天道」而用心於「人道」；老子則不僅「天道」而彰顯「人道」，而且進一步將「天道」與「人道」均統攝於其形上之道中。

老子是第一個提出形上之道的概念和理論的哲學家。在老子之前的思想家都只思考「形而下」的存在問題，也就是只探討現實世界（亦稱現象界或經驗界）的問題。一切「形而下」的事物都有名字，都可以命名（所謂「物固有形，形固有名」），老子卻指出，除了「可以命名的」(「可道之道」）之外，還有超乎形象的「形而上」存在。這「形而上」的存在是現象界萬物之所由來，稱之為「道」。

人不是一個無頭無根的存在，老子的哲學正是要探究人之存在的源頭與根由，並試圖在紛紜的萬物中尋找其活動的法則以及始源。當我們讀到前面引用的《老子》第一章文句時，就將人們的思考從常識世界帶入另一個新天地。

《老子》書上不只提出萬物本原（「天地之始」、「萬物之母」）的問題，還提出宇宙生成的問題（如四十二章謂「道生一，一生二，二生三，三生萬物」），並提出宇宙變動歷程的問題（如四十章謂「反者道之動」，二十五章謂「周行而不殆，……大曰逝，逝曰遠，遠曰反」）。

作為萬物本原和本根的「道」是無形、無限性的，因此老子簡稱它為「無」；它是實存而且萬物都由它創生，所以又稱之為「有」，《老子》第一章的「無」、「有」乃「異名同謂」，指稱形上道體的兩個面向。

每個哲學家都有他的一套理論預設，老子的「道」便是為現實世界提供一套合理的理論說明而創構的。老子除了在形而上學的領域肯定道是萬物的本原和本根之外，他還賦予道幾層重要的意涵：

一、道為萬有生命的泉源。老子認為萬物都由道所創生（如五十一章謂「道生之，德畜之」），所以莊子稱它為「生生者」（《莊子．大宗師》），稱讚大道神奇的「刻雕眾形」，天地間各類品物萬種風情，使宇宙宛如一個無盡藏的藝術寶庫。

二、道為一切存在之大全。老子說：「萬物得一以生。」（第三十九章）這裡以「一」喻道（《韓非子．揚權》說：「道無雙，故曰一」）。其後莊子以「一」指宇宙整體、一切存在之大全。老莊視宇宙為有機的統一體，莊子說：「道通為一。」（《莊子．齊物論》）即視宇宙為無數個體生命關係之反映，而生命的每個方面在整體宇宙中都是彼此相互依存、相互匯通的。

三、道為大化流行之歷程。老子認為道體是恒動的（四十章謂「反（返）者道之動」）；道的存在是廣大無邊的，道的運行是周流不息的（二十五章謂「周行而不殆」）。老子用「逝」、「遠」、「反」（「返」），來形容「道」在宇宙大化發育流行中依循著終而後始法則運轉的無窮歷程。

四、道為精神生命之最高境界。老子說過這樣一句令人矚目的話：「為學日益，為道日損。」（四十八章）這是說對外在世界探討所得的知識，越累積越增多；對道的體會越深，主觀成見和私心就會越來越減少。這裡所說的「為道」是屬於精神境界的修養；在人生境界的修養上，老子提到要「挫銳」、「解紛」，消除自我的固蔽，化除人群的隔閡，從親疏貴賤的差別的層次，提升到「和光」、「同塵」的「玄同」境界（參見五十六章）。老子的「玄同」之境為莊子所宏揚，而將形上之道作為提高人類精神生命和思想生命的最高指標。

（二）有無相生

《老子》第二章開頭的一段話，討論到現象世界事物之間相互對立、相互關聯以及價值判斷相對性的問題：

> 天下皆知美之為美，斯惡已；皆知善之為善，斯不善已。故有無相生，難易相成，長短相形，高下相盈，音聲相和，前後相隨。

這是說沒有美，就不會有醜（「惡」）；沒有善，就不會有不善；同理，老子認為沒有「有」，就無所謂「無」；沒有「難」，就無所謂「易」；沒有「長」，就無所謂「短」。我們以「有無相生」這一重要哲學命題為代表，來論述老子對現象世界的一些洞見：

一、事物存在的相互依存。老子看到一切事物都有它的對立面；事物有顯的一面，也有隱的一面；有其表層結構，也有其深層結構。因而觀察事象不能流於片面，思考問題不可出於單邊。老子說：「三十輻共一轂，當其無，有車之用。……故有之以為利，無之以為用。」（十一章）一般人只看到事物的顯相（「有」），而沒有看到事物的隱相（「無」），事實上「有」、「無」是相互補充而共同發揮作用的。

二、事物對立面的相互轉化。老子認識到事物的對立面不是一成不變的，它們經常相互轉化。他說正常能轉化為反常，善良能轉化為妖孽（五十八章「正復為奇，善復為妖」）；又說委曲反能全，屈枉反能伸直，低下反能充滿，敝舊反能更新，少取反能多得，貪多反而迷惑（二十二章「曲則全，枉則直，窪則盈，敝則新，少則得，多則惑」）。用這道理來看人生和社會，恰恰栩栩如生地呈現出如此情景。

三、事物相反而皆相成。老子說：「禍兮，福之所倚；福兮，禍之所伏。」（五十八章）表明對立面雙方的聯繫性。老子系統地揭示出事物的存在是相互依存的，而不是孤立的。如有無、美醜、動靜、陰陽、損益、剛柔、強弱、正反等等，都是對反而立又相互蘊涵。老子說：「萬物負陰而抱陽，沖氣以為和。」（四十二章）在老子相反相成的辯證思想中，「陰陽沖和」和「有無相生」是兩個最具代表性的命題。

逆向思維是老子辯證法中另一個特殊的思想方式。老子說「正言若反」，這是說合於真理的話卻與俗情相反。《老子》整本書所表達的都切合於道的正言，但乍聽時好像在說反面的話。

（三）為無為

「無為」的概念是老子逆向思維的一個範例。在《老子》書中，「無為」這個特殊用詞幾乎都是針對統治者而發的。老子期望掌握權勢的在位者不妄為、「弗獨為」（《鶡冠子．道端》，要「以百姓心為心」（四十九章）。其後莊子學派更將老子告誡統治者勿專權、毋濫權的「無為」理念，延伸為放任思想和不干涉主義。

老子說「無為」，又提出「為無為」（三章）。像「為無為」這類正反結合的語詞所蘊含的深意，屢見於《老》書，如謂：「生而不有，為而不恃，長而不宰。」（十章、五十一章）英國的羅素（Bertrand Russell）就很欣賞老子這些話，認為人類有兩種意志：創造的意志和佔有的意志，老子便是要人發揮創造的動力而收斂佔有的衝動，「生而不有，為而不恃」正是這層意思。老子還說「為而不爭」（八十一章），也與「為無為」同義，要治理階層以服務大眾（「為人」「與人」）為志，而不與民爭權奪利。

（四）道法自然

人們一提起老子，就會想到他自然無為的主張。簡言之，這主張就是聽任事物自然發展。「自然」是老子的核心觀念，乃是「自己如此」的意思，不是指具體存在的自然界（天地），而是形容「自己如此」的一種情狀。《老子》二十五章有這樣一段重要的話：

> 故道大，天大，地大，人亦大。域中有四大，而人居其一焉。
>
> 人法地，地法天，天法道，道法自然。

這裡的引文分兩段來討論，前段是在提升人的地位，後段則在申說「道法自然」的意涵。老子把人列為「四大」之一，如此突出人在宇宙中的地位，這在古代思想史上是首次出現。

老子說：「死而不亡者壽。」（三十三章）這當指人的思想生命與精神生命之傳承延續而言。老子將人的地位如此高揚，為歷代道家所承繼，莊子對生命境界尤多發揮。老子在提升人的地位之後，接著講人之所以為貴，在於他能法天地之道，使他成為一個不斷把外界存在的特性內化為自己本質的過程。

人能成為四大之一，在於他能不斷地充實自己、拓展自己，他能從外在環境中吸取經驗知識以內化為自己的智慧。老子謂人法天地，便是意指人效法天地之清寧，效法天地之高遠厚重，進而效法道的自然性。

道的一個重要特性便是自然性。所謂「道法自然」，正是河上公注所說的「道性自然」，即謂「道」以它自己的狀態為依據，而道性自然即是彰顯道的自發性、自為性。所謂人法道的自然性，實即發揮人內在本有的自主性、自由性。

道性自然以及人從道那裡獲得自身的自然性，這學說有它特殊的意義：道也者，自由國度。人法其自性，則人處於自由自在的精神樂園。

（五）柔弱勝剛強

《呂氏春秋》論及諸子學說特點時，強調「老聃貴柔」（《不二》）。「柔弱」是「無為」

的一種表述。老子之所以宣導柔弱的作用，是鑒於人類行為自是、自專而失之剛暴，權勢階層尤然。

老子生當亂世，他一方面從人性的正面處去提升人的精神層次，另方面從人性的負面處去洞察社會動亂的根源。人類所以勝出別的動物，在於他能從學習中累積經驗以改善自身，並協合同群改造環境。但人類也比其他動物更為狡詐，更多心機；別種動物不知設計同類、不會陷害同類，更沒有本事發明器械去獵殺異類。尼采（Friedrich Nietzsche）說：「人類是病得很深的一種動物。」一旦主政者權力運用不當，就會發動侵略戰爭而導致大規模殺戮。這正是老子「無為」學說諄諄告誡主政者不可攬權、濫權的用心；也正是老子諄諄告示主政者要「不爭」、「柔弱」、處下、謙虛為懷的用意。

老子喜歡用水來比喻理想的統治者表現出柔弱不爭及處下的美德：

「上善若水。水善利萬物而不爭，處眾人之所惡，故幾於道。」（八章）

「大邦者下流，……大者宜為下。」（六十一章）

「江海所以能為百谷王者，以其善下之。」（六十六章）

這些話雖然出自老子對他所處那個時代的感發，但更像是說給歷代那些「權力傲慢」的霸主聽的。

老子對窮兵黷武者不斷發出警告：「夫兵者，不祥之器，……夫樂殺人者，則不可得志於天下矣。」（三十一章）「故堅強者死之徒，柔弱者生之徒。」（七十六章）老子的貴柔之道，無論用在治身或治國，都有益人群。老子所說的「柔弱」，並不是軟弱不舉，而是含有柔韌堅忍的意味，不失為東方智慧所發出的人間天籟之音。

一章。

道可道，非常道①；名可名，非常名②。
無，名天地之始；有，名萬物之母③。
故常無，欲以觀其妙④；常有，欲以觀其徼⑤。
此兩者，同出而異名，同謂之玄⑥。玄之又玄，衆妙之門⑦。

導讀

整章都在寫一個「道」字。

「道可道，非常道」，為全書首句。在這發人深省的語句中，三個「道」字在不同的語境下有著不同的意涵，而彼此之間又具有內在的聯繫性。第一個「道」包含了天道與人道，第二個「道」指的是語言的表達功能，第三個「常道」的「道」，探討的是哲學中世界從何而來的問題，這在中國哲學史上是第一次出現。這個「道」是形而上的實存之「道」，是老子哲學的最高範疇，也是中國哲學史上的最高範疇。它一方面具有不可言說性，「道」是不可概念化的東西；另一方面，又是天地萬物的根源和始源。

第二段說「無，名天地之始；有，名萬物之母」，老子以「無」來描述道體的無限性，以「有」形容道體的實存性；「無」、「有」皆為道體的本根屬性，呈現道體的兩個面向，此即文中所謂「此兩者，同出而異名」。

「道」字在《老子》書中出現七十餘次，其中，集中探討形上道體和道物關係的篇章見於第一、四、六、十四、二十一、二十五、四十、四十二等。「無」、「有」的概念在《老子》書中出現四次，意思與層次不同：第一章和第四十章是本體界層次的概念，

第二章和第十一章則為現象界層次的概念。

譯文

可以用言詞表達的道，就不是常道；可以用文字表述的名，就不是常名。

無，是形成天地的本始；有，是創生萬物的根源。

所以常從無中，去觀照道的奧妙；常從有中，去觀照道的端倪。

無和有這兩者，同一來源而不同名稱，都可以說是很幽深的。幽深又幽深，是一切奧妙的門徑。

注釋

①常道：指永存之道。

②名可名，非常名：第一個名指具體事物的名稱；第二個名作動詞，是稱謂的意思；第三個名是老子特殊用語，是稱「道」之名。

③無，名天地之始；有，名萬物之母：「無」是天地的本始，「有」是萬物的根源。此句句讀一作「無名，天地之始；有名，萬物之母」。

④妙：奧妙。

⑤徼（ㄐㄧㄠˋ）：邊際。此句句讀一作「故常無欲，以觀其妙；常有欲，以觀其徼」。

⑥玄：幽昧深遠的意思。

⑦眾妙之門：一切奧妙的門徑，即指「道」。

賞析與點評

中、西哲學史都以探討天地萬物的本原為開端。古希臘哲學家泰利斯（Thales）以「水」這個具體物質作為宇宙本原，說「水是萬物的本原」（「Water is the arche」），這是西方哲學的開端；老子以「道」這個抽象概念作為萬物本原，成為中國哲學的創始者。

在人類文明的軸心時期，中國誕生了兩位重要的思想家：一位是老子，一位是孔子。德國哲學家雅斯培（Karl Jaspers）在《大哲學家》（*Die grossen Philosophen*）中注意到這一點，他將孔子歸入「思想範式的創造者」的序列，將老子歸入「原創性形而上學家」的序列。在談論老子思想的獨特性時，他特別指出：「老子的偉大是同中國的精神結合在一起的」，「跟人類社會上所有最偉大的哲學家一樣，老子並沒有把自己的思想囿於已知的事物上，而是從統攝中捕捉著思考的源泉」，「老子的道乃是在超越了所有有限性時達到最深層次的寧靜，而有限本身，只要它們是真實的、現時的，也都充滿著道。這一哲學思考便活在了世間，進入了世界的根源之中」。

當代中國哲學家張岱年先生也指出，「自兩漢以來，儒道兩家的學說雙峰並峙，交光互映，構成中國古典哲學的基本內容」。而其中，「道家的最大貢獻是提出天地起源的問題，這是思想史上的偉大突破」。「老子第一個提出天的來源的問題，認為天不是最根本的，天也有其來源」，「於是提出『先天地生』的『道』」。「道」不僅「先天地生」，還是「萬物之宗」，「是萬物存在的根據，具有普遍性、永恆性」，「在這個意義上，『道』是天地萬物的本體」。所以，「老子是中國哲學本體論的開創者」。（《道家文化研究》第十四輯，〈道家的深湛玄思與批判精神〉）。

二章。

天下皆知美之為美，斯惡①已；皆知善之為善，斯不善已。

故有無相生②，難易相成，長短相形③，

高下相盈④，音聲相和⑤，前後相隨。

是以聖人⑥處無為⑦之事，行不言⑧之教；萬物作而不為始⑨，

生而不有，為而不恃，功成而弗居。夫唯弗居，是以不去。

導讀

第一章談論宇宙本原的形而上問題，第二章落到現象界及人文世界的理想建構。本章分成兩個部分，前半部談論相反相成的辯證思維，後半部論述聖人的無為之治。

前半部又可分為兩段：第一段從美學的美與醜、倫理學的善與惡之相對概念談起，指出價值判斷的相對性。第二段接著論述人世間的諸多相互對反的概念，如有無、難易、長短、高下、前後等。其中「有無相生」是一個典型的範式，以第十一章有無關係為例，「有之以為利，無之以為用」，有無之間相反對立又相互補充，老子於此說明了概念事物的相對性與辯證關係。

後半部老子首次論及聖人治國的理念：「處無為之事，行不言之教」，以順任人性自然的態度來處理政務，以潛移默化的方式來教導民眾。「聖人」在《論語》出現四次，在《老子》出現三十二次，「聖人」是老子與孔子對於理想政治人物形象的寄託，雖側重點有所不同，但都透過對「聖人」形象的描繪建構各有特色的治國理念，展現出高度的人本思想與人文情懷。

譯文

天下都知道美之所以為美，醜的觀念也就產生了；都知道善之所以為善，不善的觀念也就產生了。

有和無互相生成，難和易互相促就，長與短互為顯示，高和下互為呈現，音和聲彼此應和，前和後連接相隨。

所以有道的人以無為的態度來處理世事，實行「不言」的教導；萬物興起而不加干涉，生養萬物而不據為己有，化育萬物而不自恃己能，功業成就而不自我誇耀。正因他不自我誇耀，所以他的功績不會泯沒。

注釋

①惡：指醜。此句中老子的原意不在於說明美的東西「變成」醜，而在於說明有了美的觀念，醜的觀念也同時產生了，下句「皆知善之為善，斯不善已」及後面「有無相生」等六句，都在於說明觀念的對立形成，並且在對立關係中彰顯出來。

②有無：指現象界事物的顯或隱而言。這裡的「有」、「無」與第十一章「有之以為利，無之以為用」的「有」、「無」同義，但與第一章喻本體界之道體的「有」、「無」不同。

通行本此句前有「故」字，據楚簡本和帛書本刪去。

③形：通行本作「較」，據帛書本、河上公本、傅奕本改正。

④盈：呈現，通行本作「傾」，據帛書本改正。

⑤音聲相和：樂器的音響和人的聲音互相調和。

⑥聖人：有道之人，是道家最高的理想人物。道家的聖人體任自然，拓展內在的生命境界，揚棄一切影響身心自由活動的束縛。

⑦無為：不干擾，不妄為。

⑧言：指政教號令。不言：不發號施令，不用政令。不言之教，指潛移默化地引導，而不是形式條規地督教。

⑨萬物作而不為始：指對萬物不加干涉，通行本作「萬物作焉而不辭」，據帛書乙本、傅奕本、敦煌本改正。

賞析與點評

老子在本章提出了兩個重要的哲學議題：一是相反相成、相輔相行的辯證思想方法，二是「聖人之治」的治國理念，這是老子思想的兩大核心。而本章在全書中也居於關鍵位置：老子既是中國哲學史上第一個提出形而上之道的哲學家，對於現象界與人文世界也充滿關懷，展開了廣闊的理想圖景。

一、辯證思想方法是老子的重要貢獻。「美」與「醜」、「善」與「惡」、「有」與「無」、「難」與「易」、「長」與「短」、「高」與「下」……一切事物都有它的對立面。但老子更為強調的不是彼此的相互對立，他注意到在表面的「對立」之下，不同的兩者在更深層次上往往具有一種相互轉化的關係。如果只看到對立的一面，思想容易趨於極端。唯有把握住了不同的雙方相反相成、相輔相行的辯證關係，才能建構開闊的思想世界，並且給予現實世界以積極引導。

辯證思維方法貫穿全書。如第二十二章：「曲則全，枉則直，窪則盈，敝則新，少則得，多則惑」。這裡說的便是事物的對立面之間可以相互轉化的道理。再如第五十八章：「禍兮，福之所倚；福兮，禍之所伏。」說的則是相反相成的關係。本章的「有無相生」與第四十二章的「陰陽沖和」，是老子提出的兩個高度具有辯證思想的哲學命題，對於後世影響深遠。而辯證思想方法不僅是道家哲學的根本特點，也在日後的發展過程中逐漸成為中華文化與東方智慧的顯著特徵。

二、老子認為，「聖人之治」的治國理念是自然無為。「無為」是老子哲學的重要概念，和「自然」的價值是相聯繫的。一般學者常誤以「無所作為」來看待老子的「無為」。實際上，老子的「無為」是「毋妄為」的意思，旨在曉喻統治者不要過度干預，而以順任民情、民意、民性的方式來處理政務。

在統治者與民眾之間，老子主張「聖人常無心，以百姓心為心」（第四十九章）。而在人與人、團體與團體、民族與民族，以及國家與國家之間，也應當不以自我為中心，而是追求一種相互融通與相互會通的境界。

老子多次提到「聖人」，在全書中共計三十二處。比老子稍晚的孔子也討論過「聖人之治」的話題，不過意涵有所不同。儒家的「聖人」更多是指古代的賢德之君，譬如三皇五帝。而老子所謂「聖人」，正如錢鍾書所言，乃是「盡人之能事以效天地之行所無事耳」。（《管錐編》）老子更為強調的是「毋妄為」，即朝百姓方向拓展。

老子之所以形成這樣的認識，與他深切領會古代典籍的要旨直接相關。老子作為周王室的史官，通曉群書，古代典籍對老子思想多有啟發。例如，老子「無為」這一殊特概念，就受到了《詩經》與《周易》的影響。

「無為」一詞在《詩經》出現了五次，大抵是「無事自在」的意思。王博教授注意到老子對《詩經》「無為」一詞的發展，他說：「『無為』在《老子》中作為一個哲學範疇，與在《詩經》中的意義是不同的，但是其間的聯繫也是顯而易見的。如老子的『無為』經常和『無事』並稱，具有『清靜』之義，四十八章說：『無為而無不為，取天下常以無事，及其有事，不足以取天下。』五十七章說：『我無為而民自化；我好靜而民自正；我無事而民自富。』四十五章說：『清靜為天下正。』這和《詩經》中『無為』具有『清閒自在』的意思是一致的。」（《老子思想的史官特色》）

「無為」的「毋妄為」意涵，則可以上溯到《易經》，《無妄》卦中已經隱含了無為與自然關聯的思想線索。易學家唐明邦說：「『無妄』告訴人們一條重要哲理，行為必須合乎自然法則，不可違背自然法則而妄為。堅持『無妄』，就可以得到『元、亨、利、貞』的結果；背離『無妄』而滑向『匪正』，必有『災眚』。啟示遵循客觀規律的極端重要性。《老子》說：『知常明』，『不知常，妄作凶』。要避免『妄作』，必須首先『知常』，即掌握客觀規律。『不知常』而『妄作』，必招致凶禍。《老子》這一深刻思想，

蓋發揮《易》之『無妄』。」(《周易評注》)

充沛的歷史感是老子思想的底色。無論是典籍中的思想與歷史，還是現實人生的體會，都啟示老子從整個文明進程順流而下，老子十分重視歷史這條長河，老子的思想為其孕育，也為之推波助瀾，譜寫出了壯麗的文明篇章。

三章。

不尚賢①，使民不爭②；不貴難得之貨，使民不為盜；不見可欲③，使民心不亂。是以聖人之治，虛其心④，實其腹，弱⑤其志，強其骨。常使民無知無欲⑥，使夫智者不敢為也⑦。為無為⑧，則無不治。

導讀

本章接續第二章，更為具體地談論聖人之治的問題。第一段從聖人的修身談治國的根本，聖人不炫示自己的賢能，不珍視難得的貨利，不顯露自身的貪欲，才能對人民起到移風異俗的作用。

第二段論述聖人之治的具體內容，從上位者到百姓，都能做到心胸開闊、生活安飽、意志柔韌、體魄健壯，在「虛實相涵」間描繪出一幅身心康健的理想社會景象。這是聖人由「無為」的治身之道向「為無為」的治國之道的擴展。

譯文

在上位者不炫示自己的才能，使民眾不起爭心；不珍視難得的財貨，使民眾不起盜心；不顯耀可貪的事物，使民眾不被惑亂。

所以有道的人治理政事，要使人心靈開闊，生活安飽，意志柔韌，體魄強健。常使民眾沒有偽詐的心智，沒有爭盜的欲念，使一些自作聰明的人不敢妄為。依照無為的原則去處理事務，就沒有不上軌道的。

注釋

①尚賢：炫示才能。
②不爭：指不爭功名，返歸自然。
③可欲：多欲之意。
④虛其心：使人的心靈開闊。
⑤弱：與虛一樣，是老學特有用詞，具有正面和肯定的意義。弱，指心志的柔韌。
⑥無知無欲：沒有偽詐的心智，沒有爭盜的欲念。
⑦使夫智者不敢為也：使自作聰明的人不敢多事。
⑧為無為：以無為的方式去做，即以順應自然的態度去處理事務。

賞析與點評

本章的「虛」有遼闊、開朗之意。「虛其心」教人心胸開闊，「虛」是修養與認識方法上的重要功夫，與老子在形上學的層面講的「無」體用一貫。

總體上看，這個與「無」體用一貫的「虛」的概念，在《老子》書中又涉及以下三個方面：第一，道體的虛，如第四章的「道沖」和第六章的「谷神」，其義為「道虛」，談的是道體本身虛空無形的特質。第二，天地的虛，如第五章以「橐籥」（風箱）來說明空間的遼闊。第三，心靈的虛，如第十六章的「致虛極，守靜篤，萬物並作，吾以觀復」，描述主體透過修養功夫所達到的開闊的心靈境界，這一排除了主觀情欲與知見的澄明狀態，同時正是認識「道」的路徑。

此外，老子「虛」的概念對儒、道兩家都有啟發。例如稷下道家作品《管子．心術上》的「虛無形謂之道」，直接以「虛」來描述道體的無形與無限性。又如《莊子．人間世》的「虛室生白」，透過虛心的修養功夫才能認識道，從而放出智慧的光芒。這也影響了《荀子．解蔽》提出的「虛壹而靜，謂之大清明」，即唯有排除主觀情欲干擾的清澈心靈，才能形成對事物的客觀認識。

「虛其心，實其腹」語句中的「虛」、「實」相對，更成為中國哲學的一對基本範疇，並發展出「虛實相涵」的重要命題。如《黃帝四經．道原》所說「知虛之實，後能大虛」；此後，經過魏晉、宋明的發展，至清代王夫之提出「實不窒虛」、「虛之皆實」（《思問錄．內篇》）的觀點，更具體地說明虛實交互為用的辯證關係。受其影響，中國古典美學也強調藝術作品要「實以引虛」、「虛中孕實」才能引人入勝。

四章。

道沖①，而用之或不盈②。淵兮，似萬物之宗；挫其銳，解其紛，和其光，同其塵③。湛④兮，似或存。吾不知誰之子，象帝之先⑤。

導讀

本章重點有二：一是談「道」的體、用問題，二是指出「道」為萬物的宗主。

本章提出作為宇宙本原的道雖是虛狀的，但其作用卻是無窮的。這虛狀的道體是萬物的根源，此「虛」並不是一無所有，而是含藏著無盡的創造因子。

譯文

道體是虛空的，然而作用卻是無窮的。淵深啊！它好像是萬物的宗主；幽隱啊！似亡而又實存。

我不知道它是從哪裡產生的，像是天帝之前就已存在。

注釋

① 沖：古字為「盅」，虛之意。

② 不盈：不滿。

③ 這四句疑是五十六章錯簡重出。上「淵兮」句與下「湛兮」句正相對文。

④湛：深、沉，形容道的隱而未形。

⑤象帝之先：道似在天帝之前，指道先天地生。

賞析與點評

一、第一句「道沖，而用之或不盈」談的是道的體、用問題。陳榮捷先生早年向西方世界介紹中國哲學時，已經注意到這一點，他說：「此章顯示道家思想裡面，『用』的重要性不下於『體』。在《老子》第十四、二十一章，對『體』有更詳細的敘述；此處以及第十一、四十五章，則可以看出對『用』同樣的注重。佛教某些宗派有毀棄現象的觀點，在此是看不見的。」（《中國哲學文獻選編》第七章，〈老子的自然之道〉）

二、由「吾不知誰之子，象帝之先」一句，可見老子突破性地以「道」為創生萬物的本原，如黃登山教授說：「各家論宇宙，往往以天地為標準，但是由道家看來，已是第二、三義了。老子認為道的起源甚早，在有天地以前，就有了它。老子這個理論打破神造萬物的說法。」（《老子釋義》）

三、「吾」字在本章第一次出現，根據我們統計《老子》全書，「吾」字出現二十二次，占十五章；「我」字出現十九次，占二十三章；其中有三章「吾」、「我」並見（四十二章、五十七章、七十章）。在《老子》八十一章中約有三分之一的比例出現「吾」、「我」二字，顯示《老子》這本書是老聃本人傳達哲學思想的專著。

五章。

天地不仁①，以萬物為芻狗②；聖人不仁③，以百姓為芻狗。
天地之間，其猶槖籥乎④？虛而不屈⑤，動而愈出。
多言⑥數⑦窮，不如守中⑧。

導讀

本章分三段來說明：第一段老子由「天地不仁」談到「聖人不仁」，展現出推天道以明人事的思維原則。「不仁」為不偏私之意，聖人治國應效法天地無偏無私的精神，這可說是老子「無為」思想在政治論上的引申。

第二段老子用風箱來比喻天地之間是一個虛空的狀態。雖然是虛狀的，但它的作用卻是無窮的，這和第四章對道體的說法一樣，這個「虛」蘊含了無盡的創造因子。

第三段老子指出執政者的政令煩苛（「多言」），可謂是「無為」的反面，如此強作妄為將導致敗亡的後果，這是老子對於擾民之政所提出的警告。

譯文

天地無所偏愛，任憑萬物自然生長；聖人無所偏愛，任憑百姓自己發展。

天地之間，豈不像個風箱嗎？空虛但不會窮竭，發動起來而生生不息。

政令煩苛反而加速敗亡，不如持守虛靜。

注釋

①天地不仁：天地無所偏愛。指天地只是物理、自然的存在，並不具有人類的感情，萬物在天地間依循著自然的法則運行著。

②芻狗：用草紮成的狗，祭祀時使用。

③聖人不仁：聖人無所偏愛，指聖人取法於天地之純任自然。

④橐（ㄊㄨㄛˋ）鑰（ㄧㄠˋ）：風箱。

⑤不屈：不竭。

⑥言：指聲教法令。多言：指政令繁多。

⑦數：通「速」。

⑧守中：持守中虛。道家重視「中」的思想，如莊子講「養中」，馬王堆帛書《黃帝四經》講「平衡」。

賞析與點評

一、「天地不仁」是就天地之自然無為而無偏愛來說的。以前的人，總以為日月星辰、山河大地都有個主宰者凌駕於其上，並且把周遭的一切自然現象都視作有生命的東西，兒童期的人類，也常以自己的影像去認識自然、附會自然。人類將一己的願望投射出去，人格化自然界，因而以為自然界對人類有一種特別的關心和特別的愛意。老子反對這種擬人論（Anthropomorphism）的說法，強調天地間萬物自然生長，並以此說明統治者需效法自然的規律，任憑百姓自我發展。「天地不仁」是老子「無為」思想的引申。如胡適所說：「老子的『天地不仁』說，似乎含有天地不與人同性的觀點。老子這一個觀念，打破古代天人同類的謬說，立下後來自然科學的基礎。」（《中國古代哲學史》）

二、本章最後一句提出「守中」的概念。儒、道皆言「中」，儒家之「中」乃不偏不倚之「中」，道家之「中」則為衷心之「衷」，老子的「守中」、莊子的「養中」，談的是持守平衡心境的修養工夫。

六章。

谷神不死①，是謂「玄牝」②。
玄牝之門，是謂天地根。
綿綿若存③，用之不勤④。

導讀

本章用「谷」、「神」、「玄牝之門」、「天地根」來形容和描述形上之「道」，「谷」象徵道體的「虛」狀，「神」比喻道生萬物的綿延不絕，「玄牝之門」、「天地根」說明道是產生天地萬物的根源。「綿綿若存，用之不勤」說明道體孕育萬物而生生不息。

譯文

虛空的變化是永不停歇的，這就是微妙的母性。微妙的母性之門，是天地的根源。它連綿不絕地永存著，作用無窮無盡。

注釋

①谷：形容虛空。神：形容不測的變化。不死：比喻變化的不停歇。

②玄：幽深不測。牝（ㄆㄧㄣˋ）：生殖。玄牝：微妙的母性，指天地萬物的根源。整句形容道生殖天下萬物，整個創生的過程卻沒有一絲形跡可尋。

③綿綿若存：永續不絕。

④不勤：不勞倦，不窮竭。

賞析與點評

一、老子在第一章說「無，名天地之始；有，名萬物之母」，指出「道」乃天地萬物的根源；在第四章談「道」的體、用問題；於本章進一步以「母」、「玄牝」形容道體生化萬物的功能與作用。

二、「牝」字五見於《老子》。本章以「玄牝」形容道體生殖天下萬物的微妙，第六十一章「牝常以靜勝牡」則探討母性原則在修身治國上的重要性。老子之言「玄牝」，從天地萬物的根源談到治身治國之根本，從形上學下貫至人生論與政治論。老子以母子關係來比喻道物關係，說明本體與現象之間並非割裂，而是體用不二的關係。

三、每回我讀到《老子》第六章，內心總會發出這一呼聲：「世界婦女大會應該懸掛老子的畫像。」我們反思中西方哲學與中外典籍，發現多半是以男性立場發聲，而老子將「母」、「牝」等概念賦予哲學意涵，有著以母體形容道體生育萬物、涵養萬物之意，如「萬物之母」（第一章）、「貴食母」（第二十章）、「天下母」（第二十五章、第五十二章）等。同時，「有國之母」（第九章）以「母」喻指保有邦國的根本之道；「知其雄，守其雌」（第二十八章），在雌雄的辯證關係中突出了雌柔的主宰性。正如劉笑敢教授所言：「《老子》中的雌性比喻之重要，不僅在先秦典籍中是獨一無二的，而且在全世界古代哲學與宗教典籍中也可能是唯一的。」（《中國文哲研究集刊》第二十三期，〈關於《老子》之雌性比喻的詮釋問題〉）

七章。

天長地久。天地所以能長且久者，以其不自生①，故能長生②。
是以聖人後其身而身先③，外其身而身存。非以其無私邪？
故能成其私④。

導讀

老子從天地的運作不為自己來論證聖人之治，老子理想中的統治者必須要懂得謙退之理。

譯文

天地長久。天地所以能夠長久，乃是因為它們的一切運作都不為自己，所以能夠長久。所以有道的人把自己放在後面，反而能贏得愛戴；將自己置之度外，反而能保全生命。這難道不正是由於他們不自私嗎？這樣反而能成就自己。

注釋

①以其不自生：指天地的運作不為自己。

②長生：長久。

③後其身而身先：把自身放在後面，反而能得到大家的愛戴。

④成其私：成就自己。

賞析與點評

老子用天地的運作不為自己來比喻聖人的行為沒有貪私的心念。在其位的人，機會來得最方便，往往情不自禁地想伸展一己的佔有欲。老子理想中的治者卻能「後其身」、「外其身」，不把自己的意欲擺在前頭，不以自己的利害作為優先考慮，這是一種了不起的謙退精神。這種人，正是由於他處處為百姓著想，反而能夠成就他的理想。

八章。

上善若水①。水善利萬物而不爭，處衆人之所惡，故幾②於道。

居善地，心善淵③，與④善仁，言善信，

政善治⑤，事善能，動善時⑥。

夫唯不爭，故無尤⑦。

導讀

本章用水性來比喻上德者的人格。水最顯著的特性和作用是：一、柔；二、停留在卑下的地方；三、滋潤萬物而不與之相爭。

老子認為最完善的人格也具有這種心態與行為，即「處眾人之所惡」，別人不願去的地方，他願意去；別人不願意做的事，他願意做。他具有駱駝般的精神，堅忍負重，居卑忍辱。他盡其所能地貢獻自己的力量去幫助別人，但不和別人爭功爭名爭利，這就是老子「善利萬物而不爭」的思想。

譯文

上善之人具有水的品性。水善於滋潤萬物而不和萬物相爭，停留在大家所厭惡的地方，所以最接近於道。居處善於選擇地方，心思善於保持沉靜，待人善於真誠相愛，說話善於遵守信用，為政善於精簡處理，處事善於發揮所長，行動善於掌握時機。正因為有不爭的美德，所以沒有怨咎。

注釋

①上善若水：上善之人，具有水的品性。

②幾：近。

③淵：形容沉靜。

④與：指和別人相交相接。

⑤政善治：通行本作「正善治」，據傅奕本改正。

⑥動善時：行動善於把握時機。

⑦尤：怨咎。

賞析與點評

一、「上善若水」，河上公注為「上善之人，如水之性」。水是世界各大文明共通的一個重要元素，水柔順、處下、利萬物而不爭的特性為老子所重視，視之為人們應當追尋的完善的人格。美國艾蘭教授（Sarah Allen）則從中西方哲學比較中，看出中國在喻象思維上的特點。她認為：「早期中國的宗教與給西方哲學提供了基本喻象的古希臘及猶太教—基督教傳統的一個最重要的結構差異是，古代中國人沒有假定一個超驗的原則。古代中國人認定有一個貫穿自然與人世之中的共同原則。所以，他們的哲學概念的基本喻象是求諸於自然而不是宗教神話。」又說：「中國古代哲學中最重要的基本隱喻是水及其潤育的植物。水滋養植物而使種子長成完全成熟的植物，被視為宇宙原則的一個喻象模式。」(《道家文化研究》第十五輯，〈《老子》與《孟子》中的基本喻象〉)

二、「居善地，心善淵，與善仁，言善信，政善治，事善能，動善時」這七個警句，涉及人倫和政事。一方面，老子所謂道，不只停留在形而上的層面，還包含著濃厚的道德意識，這七個警句便是例證。另一方面，這裡的「與善仁，言善信」中的「仁」和「信」，又不只是孔子的思想觀念，老子也同樣重視這兩個道德條目，儒道兩家都具有濃厚的仁愛之心、仁慈之念，也都把誠信視為極重要的人格品質。

值得注意的還有「動善時」。「時」的概念在《老子》書中雖然只出現這一次，但之後的黃老道家一再強調「時」的重要性，如說「審於時」、「以時為寶」(《管子．宙合》)，到了《莊子》，「時」的概念出現六十七次之多，並且特別強調要「與時俱化」、「應時而變」，這之後，《彖傳》又提出「動靜不失其時」的觀念。可見，《老子》提出的「動靜」和「時」的關聯性，逐步開啟了戰國中後期「審時度勢」的時代思潮。

九章。

持而盈之①，不如其已②；揣而銳之③，不可長保。金玉滿堂，莫之能守；富貴而驕，自遺其咎。功遂④身退⑤，天之道也⑥。

導讀

一般人遇到名利當頭的時候，沒有不心醉神往的，沒有不趨之若鶩的。老子在這裡說出了知進而不知退、善爭而不善讓的禍害，教人們適可而止。老子的「身退」並非遁世，僅僅是告誡人們：在事情做好之後，不要貪婪權位名利，不要尸位其間，而要收斂意欲，含藏動力，這才是長保之道。

譯文

執持盈滿，不如適時停止；
顯露鋒芒，銳勢難保長久。
金玉滿堂，無法守藏；
富貴而驕，自取禍患。
功業完成，含藏收斂，是合於自然的道理。

注釋

①持而盈之：執持盈滿，含有自滿自驕的意思。

②已：止。

③揣而銳之：捶擊使它尖銳，含有顯露鋒芒的意思。「銳」通行本作「梲」，據河上公本改正。

④功遂：功業成就。

⑤身退：斂藏鋒芒。

⑥天之道也：指自然的規律。通行本缺「也」字，據帛書本增補。

賞析與點評

老子提倡「功遂身退」並不是讓人去做隱士，而是告訴人們不要膨脹自我。正如陳榮捷先生所說：「雖然隱士時常借用道家的名義，但道家的生活方式卻不是隱士式的。退隱的觀念即使在儒家思想中，也不全然匱乏，孟子即說孔子之道是『可以退則退』」。（《中國哲學文獻選編》第七章，〈老子的自然之道〉）

十章。

載營魄抱一①，能無離乎？
專氣②致柔，能如嬰兒乎③？
滌除玄覽④，能無疵乎？
愛民治國，能無為⑤乎？
天門開闔⑥，能為雌⑦乎？
明白四達，能無知⑧乎？
生之畜之。生而不有，為而不恃，長而不宰，是謂玄德⑨。

導讀

本章著重講修身功夫。健全的生活必須是形體和精神合一而不偏離的，須集氣到最柔和的境地，洗清雜念，摒除妄見，使心境處於靜定的狀態，觀照內心的本明，才能使身心生活臻於和諧。

譯文

精神和形體合一，能不分離嗎？
結聚精氣以致柔順，能像嬰兒的狀態嗎？
洗清雜念而深入觀照，能沒有瑕疵嗎？
愛民治國，能自然無為嗎？
感官和外界接觸，能守靜嗎？
通曉四方，能不用心機嗎？
生長萬物，養育萬物。生長而不佔有，畜養而不依恃，導引而不主宰，這就是最深的「德」。

注釋

①載：語氣詞，相當於「夫」。抱一：合一。魂和魄合而為一，即合於道。

②專氣：集氣，聚氣。

③能如嬰兒乎：能如嬰兒之精氣充和嗎？五十五章「精之至也」、「和之至也」描述嬰兒精充氣和的狀態。此處指通過「專氣致柔」的修養功夫方能達到此境界。通行本缺「如」字，據傅奕本和俞樾之說增補。

④玄覽：帛書乙本作「玄鑒」，比喻心靈深處明澈如鏡。

⑤無為：通行本作「無知」，據景龍碑本改正。

⑥天門：喻感官。開闔：即動靜。

⑦為雌：即守靜的意思。通行本作「無雌」，據帛書乙本改正。

⑧無知：通行本作「無為」，據河上公本改正。

⑨這五句重見於五十一章。

賞析與點評

老子本章談修身提出「專氣」和「玄覽」這兩個概念，值得我們留意：

關於「專氣」，馮友蘭先生曾說：「『專氣』就是『摶氣』，這個氣包括後來所說的形氣和精氣，摶氣就是把形氣和精氣結聚在一起。『致柔』就是保持住人始生時候柔弱的狀態，像嬰兒那個樣子。這種思想在《莊子．庚桑楚》裡面有比較詳細的解釋，稱為『衛生之經』。」（《中國哲學史新編》）

關於「玄覽」，高亨先生曾說：「『覽』讀為『鑒』，『覽』、『鑒』古通用。玄鑒者，內心之光明，為形而上之鏡，能照察萬物，故謂之玄鑒。」（《老子正詁》）

十一章。

三十輻①共一轂②，當其無③，有車之用。
埏埴以為器④，當其無，有器之用。
鑿戶牖⑤以為室，當其無，有室之用。
故有之以為利，無之以為用。

導讀

一般人只注意到實有的作用，卻忽略了空虛的作用。老子在本章通過車、器、室這三個例子告訴我們：車中空的地方可以轉軸，才能行駛；器皿中間空虛，才能盛物；屋室中空，才能居住，從而總結指出「有之以為利，無之以為用」的道理。老子意在說明：一、「有」、「無」是相互依存、相互為用的；二、無形的東西能產生很大的作用，只是不容易為一般人所覺察。

譯文

三十根輻條彙集到一個轂當中，有了車轂中空的地方，才有車的作用。

揉和陶土做成器具，有了器皿中空的地方，才有器皿的作用。

開鑿門窗建造房屋，有了門窗四壁中空的地方，才有房屋的作用。

所以「有」給人便利，「無」發揮了它的作用。

注釋

①輻：車輪中連接軸心和輪圈的木條。古時候的車輪由三十根輻條所構成，這個數目取法於月數（每月三十日）。

②轂（ㄍㄨˇ）：車輪中心的圓孔，即插軸的地方。

③無：指轂的中空之處。

④埏（ㄕㄢ）：和。埴（ㄓˊ）：土。埏埴以為器：和陶土做成飲食的器皿。

⑤戶牖（ㄧㄡˇ）：門窗。

賞析與點評

一、「三十輻，共一轂」一句是老子運用輪子的形象說明「空」、「無」的作用。德國漢斯—格奧爾格．穆勒（Hans-George Möller）教授認為：「『輪子』象徵一個井井有條而自成一體的整體。輪子的整體是被一個空虛的中心，是被一個轂，所固定而保持平衡的。『輪子的形象』表象一個所謂『道』恆動而整體的結構。『道』字有兩個意義：它不但是主宰整體的中心或者轂的名字，而且是整個行動或者整個輪子（包括轂和輪

輻）的名字，『道』同時是中心和過程。」（《道家文化研究》第十五輯，〈《道德經》哲學思想的結構〉）

二、「有之以為利，無之以為用」，這裡的「有」、「無」和第一章「無，名天地之始；有，名萬物之母」的「有」、「無」不同。第一章是就超現象界、本體界而言的，而本章所說的「有」、「無」則是就現象界而言的，屬於兩個不同的層次。「有」在這裡指實物，「無」在這裡指中空處。在第一章中，老子用「有」、「無」講述形而上的「道」向下落實而產生天地萬物時的活動過程。而在這裡，老子用「有」、「無」說明實物只有當它和「無」（中空的地方）配合時才能產生用處。老子的目的，不僅在於引導人的注意力不再執著於現實中所見的具體形象，更在於說明事物在對立關係中相互補充、相互發揮。

十二章。

五色①令人目盲②，五音③令人耳聾④，五味⑤令人口爽⑥，
馳騁⑦畋⑧獵令人心發狂⑨，難得之貨令人行妨⑩。
是以聖人為腹不為目⑪。故去彼取此⑫。

導讀

本章指出物欲文明生活的弊害，特別是上層階級，如果過於尋求官能的刺激，流逸奔競，淫逸放蕩，便會使心靈激擾不安，將給社會帶來種種弊害。因而老子呼籲，要務內而不逐外，摒棄外界物欲的誘惑，持守內心的安足，確保固有的天真。

譯文

繽紛的色彩使人眼花繚亂；紛雜的音調使人聽覺不敏；飲食饜飫使人舌不知味；縱情狩獵使人心放蕩；稀有貨品使人行為不軌。因此聖人但求安飽而不逐聲色之娛，所以摒棄物欲的誘惑而保持安足的生活。

注釋

①五色：指青、赤、黃、白、黑。

②目盲：指眼花繚亂。

③五音：角、徵（ㄓˇ）、宮、商、羽。

④耳聾：指聽覺不靈。
⑤五味：酸、苦、甘、辛、鹹。
⑥口爽：口病。爽，引申為傷、亡，指味覺差失。
⑦馳騁：縱橫奔走，喻縱情。
⑧畋：獵取禽獸。
⑨心發狂：人心放蕩而不可制止。
⑩妨：害，傷。行妨：傷害操行。
⑪為腹不為目：只求安飽，不求縱情於聲色之娛。「為腹」即「實其腹」、「強其骨」，「不為目」即「虛其心」、「弱其志」。
⑫去彼取此：摒棄物欲的誘惑，而持守安足的生活。

賞析與點評

「為腹不為目」一句：「為目」即追逐外在貪欲的生活，「為腹」即建立內在恬淡的生活，老子認為正常的生活是務內而不逐外。俗語說：「羅綺千箱，不過一暖；食前方丈，不過一飽。」物質生活但求安飽，不求縱情於聲色之娛。一個人越是投進外在的漩渦裡，越是流連忘返，進而產生自我疏離，心靈日益空虛。

我們可以普遍地看到這種人心狂蕩的情景，讀了老子的描述令人感慨。老子之後，莊子承接了本章的觀點，且說得更清楚。《莊子．天地》說：「且夫失性有五：一曰五色亂目，使目不明；二曰五聲亂耳，使耳不聽；三曰五臭熏鼻，困惾中顙；四曰五味濁口，使口厲爽；五曰趣舍滑心，使性飛揚。此五者，皆生之害也。」

十三章。

寵辱若驚①，貴大患若身②。
何謂寵辱若驚？寵為下③，得之若驚，失之若驚，是謂寵辱若驚。
何謂貴大患若身？吾所以有大患者，為吾有身；
及吾無身，吾有何患④？
故貴以身為天下，若可寄天下；愛以身為天下，若可托天下。

導讀

本章主旨要人「貴身」、「愛身」——貴愛生命。

老子認為，一個理想的統治者，首要在於貴愛生命，不妄為。只有珍重自身生命的人，才能珍重天下人的生命。只有這樣，人們才能放心地把天下的重責委任於他。

「貴身」的觀念又見於第四十四章。一般人汲汲於身外的名利而不顧惜自身，所以老子感慨地道：「名與身孰親？身與貨孰多？」貴身的反面是輕身，在第二十六章中，老子責問作踐自己性命的君主：「奈何萬乘之主而以身輕天下？」

譯文

得寵和受辱都感到驚慌失措，重視自己的身體好像重視大患一樣。

什麼是得寵和受辱都感到驚慌失措呢？得寵仍是下等的，得到恩惠感到心驚不安，失去恩惠也覺得驚恐慌亂，這就是得寵和受辱都感到驚慌失措。

什麼又是重視身體像重視大患一樣呢？我所以有大患，乃是因為我有這個身體，如果沒有這個身體，我會有什麼大患呢？

所以能夠以貴身的態度去治理天下，才可以把天下寄託給他；以愛身的態度去治理天下，才可以把天下委託給他。

注釋

①寵辱若驚：得寵和受辱都使人驚慌。

②貴大患若身：重視身體一如重視大患。

③下：卑下的意思。

④吾所以有大患者，為吾有身；及吾無身，吾有何患：這是說大患來自身體，所以防大患，應先貴身。老子說這話含有警惕的意思，並不是要人棄身或忘身。老子從來沒有輕身、棄身的思想，相反，他卻是要人貴身。

賞析與點評

「寵辱若驚」，在老子看來，「寵」和「辱」都是對人的尊嚴的挫傷。受辱固然損傷了自尊，得寵何嘗不是被剝奪了人格的獨立完整。得寵者的心理，總是感覺到這是一份意外的殊榮，既經賜予，就戰戰兢兢地惟恐失去，於是在賜予者面前誠惶誠恐，曲意逢迎，因而自我的人格尊嚴無形地萎縮下去。若是一個未經受寵的人，那麼他在任何人面前都可以傲然而立，保持自己人格的獨立完整。所以說，得寵也並不光榮（「寵為下」）。

本章和上一章有著某種連續性。上一章老子談到聖人要「為腹不為目」，只求建立內在恬淡的生活，而不追逐外在貪欲的生活，本章老子接著說，「為腹不為目」的聖人要能「不以寵辱榮患損易其身」（王弼語），才可以擔負天下的重任。

十四章。

視之不見，名曰「夷」；聽之不聞，名曰「希」；搏之不得，名曰「微」①。此三者不可致詰②，故混而為一。其上不皦③，其下不昧④，繩繩兮⑤不可名，復歸於無物⑥。是謂無狀之狀，無物之象，是謂「惚恍」⑦。迎之不見其首，隨之不見其後。

執古之道，以御今之有⑧。能知古始⑨，是謂道紀⑩。

導讀

本章開頭對道體進行了多方面的描述。老子說「道」是「視之不見」、「聽之不聞」、「搏之不得」的，又說「迎之不見其首，隨之不見其後」，這些都說明「道」是我們感官所無從認識的，超越了人類一切感覺知覺。

最後一段談到「執古之道，以御今之有」，顯示出老子具有透視歷史的開闊眼光。

譯文

用看的，看不見，叫做「夷」；用聽的，聽不到，叫做「希」；用摸的，摸不著，叫做「微」。這三者的形象無從究詰，它是渾然一體的。它上面不顯得光亮，下面不顯得陰暗，它綿綿不絕而不可名狀，一切的運動都會返回到不見物體的狀態。這是沒有形狀的形狀，也不見物體的形象，就稱作「惚恍」吧！迎著它，看不見它的前頭；追隨它，看不見它的後面。

把握著早已存在的道，來駕馭現在的具體事物。只要能夠瞭解宇宙的原始，這就是道的規律。

注釋

①夷、希、微：這三個名詞都是用來形容感官所不能把捉的「道」。

②致詰（ㄐㄧㄝˊ）：究詰，追究。

③皦（ㄐㄧㄠˇ）：光明。

④昧：陰暗。

⑤繩繩兮：形容紛紜不絕。通行本缺「兮」字，據傅奕本增補。

⑥復歸於無物：與第十六章「復歸其根」的意思相同。復歸，即還原。無物，不是一無所有，是指不具任何形象的實存體，「無」是相對於我們的感官來說的，任何感官都不能知覺它（「道」），所以用「無」字形容它的不可見。

⑦惚恍：若有若無，閃爍不定。

⑧有：與第一章的「有」不同，這裡指具體的事物。

⑨古始：宇宙的原始或「道」的端始。

⑩道紀：「道」的綱紀，即「道」的規律。

賞析與點評

本章和第二十一章對於道體的描述有著內在的聯繫。一方面，這兩章都刻畫了道體「惚恍」（若有若無）的特徵；另一方面，這兩章都指陳了「執古御今」的歷史連續性。下面我們分別進行解釋：

一、「惚恍」（若有若無）：「無狀之狀，無物之象」，若無似有、似無卻有，形象地描繪了形上道體無形而實存的特性。首先，「無狀、無物」說明道體有別於具體之物的形上性與無限性（「無」）；進而，「無狀之『狀』、無物之『象』」又說明道體的這種「無」，不是不存在，也不等同於虛無，而是具有實存性（「有」）的。

二、本章的「執古御今」和二十一章的「自今及古」，都既有歷史意義，又有時代意義。以六經與老、孔的關係為例。孔子編定六經作為授徒講學的教材，在瞭解古代文獻的歷史意義的基礎上，思考如何回應時代的現實議題，這便是「執古御今」的具體運用。與此同時，不只有孔子進行著這樣的「執古御今」，《詩》、《書》、《易》對老子也產生了隱含性的影響，尤其是易學與老子的辯證思維有著有著緊密關聯（可參看第二、十六、三十六章的賞析與點評）。老子與孔子，都在對歷史的反思與借鏡中，展露出他們洞察事理的眼光與智慧。

十五章。

古之善為士者，微妙玄通，深不可識。夫唯不可識，故強為之容：

豫兮①若冬涉川②；猶兮③若畏四鄰④；儼兮⑤其若客⑥；

渙兮其若釋⑦；敦兮其若樸；曠兮其若谷；混兮其若濁。

孰能濁以靜之徐清？孰能安以⑧動之徐生？

保此道者，不欲盈。夫唯不盈，故能蔽而新成⑨。

導讀

本章承接上章「道」的精妙玄通，描寫體道之士的靜謐幽深。「豫兮若冬涉川」到「混兮其若濁」這七句，是老子對體道之士的精神面貌和人格形態的描寫，從慎重、戒惕、威儀、融合、敦厚、空豁、渾樸等方面刻畫了體道者的樣貌和心境。

譯文

古時善於行道之士，精妙通達，深刻而難以認識。正因為難以認識，所以勉強來形容他：

小心審慎啊，像冬天涉足江河；
警覺戒惕啊，像提防四周的圍攻；
拘謹嚴肅啊，像做賓客；
融和可親啊，像冰柱消融；
淳厚樸質啊，像未經雕琢的素材；

空豁開廣啊，像深山的幽谷；
渾樸純厚啊，像濁水一樣。
誰能在動盪中安靜下來而慢慢地澄清？誰能在安定中變動起來而慢慢地趨進？
保持這些道理的人，不肯自滿。正因他不自滿，所以能去故更新。

注釋

①豫兮：遲疑慎重之意。
②若冬涉川：形容小心翼翼，如履薄冰。
③猶兮：形容警覺、戒惕的樣子。
④若畏四鄰：形容不敢妄動。
⑤儼兮：形容端謹莊嚴。
⑥客：通行本作「容」，據楚簡本和帛書本改正。
⑦渙兮其若釋：通行本作「渙兮若冰之將釋」，據楚簡本改正。
⑧通行本「安以」下衍一「久」字，據楚簡本刪去。
⑨蔽而新成：去故更新的意思。通行本作「蔽不新成」，據易順鼎之說改正。

賞析與點評

老子在這裡對於體道者的描寫，很自然地使我們想到莊子在〈大宗師〉中對「真人」的描寫。兩相比較，老子的描寫側重寧靜敦樸、謹嚴審慎的一面，莊子的描寫則側重高邁凌越、舒暢自適的一面。莊子的超俗不羈，他的「獨與天地精神相往來」是獨具一格的；他筆下的真人胸次悠然、氣象恢弘，同樣獨具一格。老子的描寫，素樸簡直，多是對日常生活和自然風物的直接表現，而莊子則運用浪漫主義的筆法，甚至發揮文學式的想像，將一種獨特的人格精神躍然紙上。

同樣值得我們注意的，還有老子描寫體道之士的心性修養功夫的「孰能濁以靜之徐清？孰能安以動之徐生？」一句。「濁」是動盪的狀態，體道之士在動盪的狀態中，透過「靜」的功夫，恬退自養，靜定持心，轉入清明的境界，呈現了一種動極而靜的生命活動過程。而在長久的沉靜安定（「安」）之中，體道之士又能生動起來，趨於創造的活動（「生」），呈現出另一番靜極而動的生命活動過程。「動」、「靜」之間，透露著「動靜相養」的辯證思維。

另外值得一提的是，對二十世紀哲學界影響巨大的德國哲學家海德格（Martin

Heidegger），曾於一九四六年邀請當時旅居德國的華人學者蕭師毅協助翻譯《老子》，一共翻譯了八章。北京大學熊偉教授（海德格唯一的中國學生）回憶說：「蕭師毅還寫到，海德格要求他把《老子》第十五章『孰能濁以靜之徐清，孰能安以動之徐生』兩句用中國字寫在硬紙片上，懸掛於他的山莊書齋牆壁。」（〈道家與海德格爾〉，收於《道家文化研究》第二輯）由此可見海德格對老子思想的欣賞。

十六章。

致虛極，守靜篤①。
萬物並作②，吾以觀復③。
夫物芸芸④，各復歸其根。歸根⑤曰靜，靜曰復命⑥。復命曰
常⑦，知常曰明⑧。不知常，妄作凶。
知常容⑨，容乃公，公乃全⑩，全乃天⑪，
天乃道，道乃久，沒身不殆。

導讀

本章圍繞「致虛」、「守靜」的修心功夫達到極致的狀態時，對於道體的運行過程的觀照展開。

本章提出了許多道家哲學的重要概念，如「觀復」、「歸根」、「復命」、「知常」，以及「明」、「容」、「公」等，這些都是道家談論心性活動的相關範疇。

「萬物並作，吾以觀復。夫物芸芸，各復歸其根」，是本章的核心論題，與第二十五章「周行而不殆」和第四十章「反者道之動」有著緊密的聯繫。

譯文

致虛和守靜的功夫，達到最高的境地。

萬物蓬勃生長，我看出往復循環的道理。

萬物紛紛紜紜，各自返回到它的本根。返回本根叫做靜，靜就是回歸本原。回歸本原是永恆的規律，認識永恆的規律也就是明。不認識永恆的規律，而輕舉妄動就會出亂子。

認識常道的人是能包容一切的，包容一切就能坦然大公，坦然大公才能無不周遍，無不周遍才能符合自然，符合自然才能符合於道，體道而行才能長久，終身可免於危殆。

注釋

①致：推致。虛：形容心靈空明的境況，喻不帶成見。極、篤：指極度、頂點。致虛極，守靜篤：指心境原本是空明寧靜的狀態，只因私欲的活動與外界的攪動，而使得心靈蔽塞不安，所以必須時時做「致虛」、「守靜」的功夫，才能恢復心靈的清明。

②作：生成活動。

③復：往復，循環。

④芸芸：形容草木的繁盛。

⑤歸根：回歸本原。

⑥覆命：復歸本原。「靜曰復命」通行本作「是謂復命」，據傅奕本改正。

⑦常：指萬物運動變化中的永恆規律。

⑧明：萬物的運動和變化都依循著循環往復的律則，對於這種律則的認識和瞭解，叫

做「明」。

⑨容：寬容，包容。

⑩全：周遍。通行本作「王」，據勞健之說改正。

⑪天：指自然的天，或指代自然。

賞析與點評

「觀復」是本章的重要概念，這一概念繼承自《易經》的觀卦和復卦。其中，觀卦談到對人生的省察、反思和對自己行為的反觀內視，這似乎已經進入哲學思考的境界。老子使用「觀」這個字，意在由感官的觀察上升到心性的直觀，以此觀照道體的運行過程，這是「觀其妙」（第一章）的哲學意涵。「復」字在《易經》中包含有返回、歸來之義，老子繼承之，發展出向對立面轉化的辯證思維和循環往復的辯證思維，並且用這種辯證思維把握宇宙萬物的運動狀態及其規律，從而觸及宇宙論的問題，得出「周行而不殆」、「反者道之動」的哲學命題。《易經》中的「觀」和「復」都是單詞，發展到《老子》成為「觀復」的複合詞，這也符合語詞本身發展的規律。

十七章。

太上①，下知有之②；其次，親而譽之；其次，畏之；其次，侮之。信不足焉，有不信焉。悠兮③其貴言④。功成事遂，百姓皆謂：「我自然⑤。」

導讀

本章老子將古代社會的政治狀況劃分為四個世代，分別用「下知有之」、「親而譽之」、「畏之」、「侮之」描述它們的情境，每一個世代相較前一個世代，都下降一層。

老子理想的是「下知有之」的世代，其間，統治者具有誠樸信實的素養，他服務於民，但其權力絲毫不會使百姓感到逼迫，人們生活在一種安閒自適的氛圍中。

譯文

最好的世代，百姓只知道有統治者的存在；其次，百姓親近他而讚美他；再其次，百姓畏懼他；更其次，百姓輕侮他。國君的誠信不足，百姓自然不相信他。（最好的統治者）悠然而不輕易發號施令。事情辦成功了，百姓都說：「我們本來是這樣的。」

注釋

①太上：最好，至上；指最好的世代。本章的「太上」、「其次」並不是按時間先後順

序排列的，而是按價值等級排列的。

②下知有之：百姓只知道有君主的存在。

③悠兮：悠閒的樣子。

④貴言：不輕易發號施令。

⑤自然：自己如此。

賞析與點評

「自然」是道家學說的核心價值。《老子》書中先後五次談到「自然」，本章為首次出現。這裡的「自然」，意指自然而然、自己如此。後四處「自然」——「希言自然」（第二十三章）、「道法自然」（第二十五章）、「莫之命而常自然」（第五十一章）、「以輔萬物之自然而不敢為」（第六十四章），也都是這個含義，用以指天地萬物的本性如此。

十八章。

大道廢，有仁義；①六親②不和，有孝慈；國家昏亂，有忠臣。

導讀

魚在水中，不覺得水的重要；人在空氣中，不覺得空氣的重要；大道興隆，仁義行於其中，自然不覺得有宣導的必要。等到一味推崇仁義的時代，社會已經不復淳厚了。某種德行的表彰，正是因為它們特別欠缺。在動盪不安的社會情景下，仁義、孝慈、忠臣等美德，就顯得如雪中送炭了。

譯文

大道廢弛，仁義才顯現；家庭不和，孝慈才彰顯；國政昏亂，忠臣才出現。

注釋

①通行本於此句之後，又有「智慧出，有大偽」一句，檢之楚簡本並無此句，當據刪。

②六親：父、子、兄、弟、夫、婦。

賞析與點評

郭店楚簡《老子》與通行本最大的不同，就在第十八章與第十九章。通行本在傳抄過程中，經過後人竄改，出現了強烈的反儒傾向，而較早的版本卻並不包含這種傾向。

本章「智慧出，有大偽」之衍出，當發生在戰國中後期，可能受莊子後學中激烈派思想影響所致。妄增此句，易使人將「仁義」與「大偽」並舉，從而認為老子意在貶義仁義。可是，透過楚簡本所示的原初的含義，我們不難發現，老子並無意於貶抑「仁義」、「孝慈」、「忠臣」；相反，老子認為，在最理想的社會情境發生改變時，在人際關係出現問題時，仁義、孝慈的美德和忠臣的節操，更顯得難能可貴。楚簡本此章為三個對等句，下章亦為三個對等句，從句型與句義上看，楚簡本較符合祖本的原貌。

十九章。

絕智棄辯①，民利百倍；絕僞棄詐②，民復孝慈；絕巧棄利，盜賊無有。此三者③以為文④，不足。故令有所屬⑤：見素⑥抱樸⑦，少私寡欲。

導讀

老子在本章提出「見素抱樸」的主張，認為上層統治者若能在素樸、少私寡欲的政風下，進一步棄絕智辯、偽詐、巧利，則可使百姓得享安定、孝慈，生活在安寧的社會環境中。

流俗重「文」，老子重「質」。老子視「文」為巧飾，違反了人性的自然。巧飾流行，更形成種種有形無形的制約，拘束著人性的自然。老子在本章中流露的憤世之言，正是針對虛飾的文明所造成的嚴重災害而發的。

譯文

拋棄智辯，人們可以得到百倍的好處；棄絕偽詐，人們可以恢復孝慈的天性；拋棄巧詐和貨利，盜賊就自然會消失。（智辯、偽詐、巧利）這三者全是巧飾的，不足以治理天下。所以要使人心有所歸屬：保持樸質，減少私欲。

注釋

①絕智棄辯：通行本作「絕聖棄智」，通觀《老子》全書，「聖人」一詞共三十二見，老子以「聖」喻最高人格修養境界，「絕聖」之詞與全書肯定「聖」之通例不合。據楚簡本改正。

②絕偽棄詐：通行本作「絕仁棄義」。《老子》第八章主張「與善仁」，人與人的交往要尚仁，作「絕仁棄義」可能是受莊子後學中激烈派思想影響所致。據楚簡本改正。

③此三者：指智辯、偽詐、巧利。

④文：文飾，浮文。

⑤屬：歸屬，適從。

⑥素：沒有染色的絲。

⑦樸：沒有雕琢的木。

賞析與點評

近代學者江瑔在《讀子卮言》中說：「道家之學，較諸家為最早。……諸家之學皆起於春秋戰國之時。道家之學則在春秋戰國以前，而源於有史之初。」但以往人們常依據通行本「絕仁棄義」之說，認為這是針對孔孟仁義觀而提出的反命題，並以此作為《老子》晚出的有力證據。張岱年先生曾持反對意見說：「《老子》十八章：『大道廢，有仁義。』又十九章：『絕仁棄義，民復孝慈。』這肯定『孝慈』的淳樸道德，而擯棄『仁義』，這些文句不可能出自春秋末年的老聃，應是老聃的後學所附益。」（《中國古典哲學概念範疇要論》）如今，隨著郭店楚簡《老子》的出土，證明了老子原無「絕仁棄義」之說，所謂反命題、晚出的論證也立時無據了。

一、一九九八年五月，美國達慕思大學召開了郭店楚簡《老子》國際學術研討會，東、西方三十多位專家學者圍繞《老子》及其他相關文獻展開討論，會議論文和達成的共識被整理成《郭店〈老子〉：東西方學者的對話》一書出版。正如會議組織者艾蘭（Sarah Allan）所說，這次會議「是相當獨特的」，不僅題目重要、材料新穎，而且與會的學者各有專長，涉及不同領域，橫跨不同國家和地區。在我看來，《老子》的文本和思想在國際範圍內得到如此廣泛關注，形成這樣一個研究的共同體，也是史無前例的。更為重要的是，學者們普遍注意到本章透露出的「郭店《老子》因其時代較早，故沒有今本《老子》所見的反儒傾向」（韓祿伯語）這一點。艾蘭的著作《水之道與德之端》（*The Way of Water and Sprouts of Virtue*）中也論及《老子》原典並不反儒。如古文字專家裘錫圭所說：「簡本與通行本的區別有重要的思想意義。簡本應該代表較早的老子思想，這思想不是針對儒家而提出。而且，道家與儒家之間並非不可調和。」（王博〈美國達慕思大學郭店《老子》國際學術討論會紀要〉，收錄於《道家文化研究》第十七輯）

二、當代儒、道兩家學者皆對郭店《老子》多所關注，如一九九九年《中國哲學》編委會收錄三十多位學者文章，編成第二十輯《郭店楚簡研究》。其中，杜維明先生於〈郭店楚簡與先秦儒道思想的重新定位〉一文中說：「在美國學術界，這批材料中最受重視的是竹簡《老子》。」李存山教授也在〈從郭店楚簡看早期道儒關係〉一文中主張：「簡本『絕智棄辯』更符合道家早期思想的邏輯，這當是《老子》早期傳本的原貌。……道家早期思想的『反儒』性質，現在應該重新估定！」再如一九九九年《道家文化研究》編委會，收錄了裘錫圭、彭浩、王博及韓祿伯、羅浩等中外學者的二十多篇文章，編成了第十七輯「郭店楚簡」專號。

關於《老子》成書的時間，隨著郭店楚簡《老子》的出土與相關研究的累積，誠如青年學者徐華教授所言：「二十世紀末郭店竹簡本《老子》的面世，對《老子》一書的成書時間提供了有力的證據。《老子》成書於老子之手或老子後學之手，寫定時間不晚於戰國早期，已經成為學術界的共識。」（《道家思潮與晚周秦漢文學形態》）

二十章。

絕學無憂。唯之與阿①，相去幾何？美之與惡②，相去若何？人之所畏，不可不畏。荒兮，其未央哉③！眾人熙熙④，如享太牢⑤，如春登臺⑥。我獨泊⑦兮，其未兆⑧，如嬰兒之未孩⑨；儽儽兮⑩，若無所歸。眾人皆有餘，而我獨若遺⑪。我愚人⑫之心也哉！沌沌兮！俗人昭昭⑬，我獨昏昏⑭；俗人察察⑮，我獨悶悶⑯。澹⑰兮其若海，飂⑱兮若無止。眾人皆有以⑲，而我獨頑且鄙⑳。我獨異於人，而貴食母㉑。

導讀

本章老子以「吾」、「我」，非常明確地表達了他個人的生活態度和價值取向。不同於熙熙攘攘、縱情於聲色貨利的世俗人群，老子甘守淡泊，澹然無繫，但求精神的提升。在他富有詩意的話語裡，顯示出一種和人群的疏離感。

人們在價值判斷上，經常隨著時代的變換而變換，隨著環境的更改而更改。世俗的價值判斷如風飄蕩。所以老子感慨地說：「相去幾何！」然而，儘管世俗的價值判斷如此混淆，但又豈可任意而行？所以老子更進一步說，眾人所戒忌的，也不可不警惕，不必特意去觸犯。

譯文

棄絕異化之學可無攪擾。應諾與呵聲，相差好多？美好與醜陋，相差好多？眾人所畏懼的，我也不能不有所畏懼。

精神領域開闊啊，好像沒有盡頭的樣子！

眾人都興高采烈，好像參加豐盛的筵席，又像春天登臺眺望景色。我卻獨自淡泊寧靜啊，沒有形跡，好像不知嘻笑的嬰兒。

落落不群啊，好像無家可歸。

眾人都有多餘，唯獨我好像不足的樣子。我真是「愚人」的心腸啊！渾渾沌沌啊！

世人都光耀自炫，唯獨我暗暗昧昧的樣子。世人都精明靈巧，唯獨我無所識別的樣子。

沉靜的樣子，好像湛深的大海；飄逸的樣子，好像無有止境。眾人都有所作為，唯獨我愚頑而拙訥。

我和世人不同，重視近於道的生活。

注釋

①唯：恭敬的答聲，這是晚輩回應長輩的聲音。阿：怠慢的答聲，這是長輩回應晚輩的聲音。「唯」、「阿」都是回應的聲音，「阿」的聲音高，「唯」的聲音低，在這裡用以表示上下或貴賤的區別。

②美之與惡：通行本作「善之與惡」，據楚簡本、帛書本改正。

③荒兮，其未央哉：精神包含廣遠而沒有邊際。荒兮，廣漠的樣子。未央，無盡的意

思。

④熙熙：縱情奔欲，興高采烈的樣子。

⑤太牢：指牛、羊、豕三牲。

⑥如春登臺：好像春天登臺眺望。

⑦泊：淡泊，恬靜。

⑧兆：徵兆，跡象。未兆：沒有跡象，形容不炫耀自己。

⑨孩：同咳，嬰兒的笑。

⑩儽儽（ㄌㄟˊ）兮：落落不群，無所依傍。

⑪遺：不足的意思。

⑫愚人：老子自己以「愚人」為最高修養境界。「愚」是一種淳樸、真實的狀態。

⑬昭昭：光耀自炫的樣子。

⑭昏昏：暗昧的樣子。

⑮察察：嚴苛的樣子。

⑯悶悶：淳樸的樣子。

⑰澹：淡泊，沉靜。

⑱飇：高風，形容形跡飄逸。
⑲以：用。皆有以，皆欲有所施用。
⑳頑且鄙：形容愚陋、笨拙。通行本作「頑似鄙」，據傅奕本改正。
㉑貴食母：以守道為貴。母，喻道。食母，滋養萬物的道。

賞析與點評

《老子》書中「吾」字共二十二見，其中代表老聃自稱或表達自己觀點、態度的有十一見。「我」字出現十九次，代表作者自稱或立場的有十二次。

張岱年先生在〈論老子在哲學史上的地位〉一文中說：「《老子》書中有很多『吾』字、『我』字，許多章中的『吾』與『我』，確實是作者自稱，表示作者自己的態度。這就足以證明，《老子》上下篇確實是一位獨立思想家的個人著作。」（《道家文化研究》第一輯）

關於「我」字，日本學者福永光司曾有獨到的理解，他說：「老子的『我』是跟『道』對話的『我』，不是跟世俗對話的『我』。老子便以這個『我』做主詞，盤坐在中國歷

史的山谷間，以自語著人的憂愁與歡喜。他的自語，正像山谷間的松濤，格調高越，也像夜海的蕩音，清澈如詩。」（《老子》）

二十一章。

孔德之容①，惟道是從。

道之為物，惟恍惟惚②。惚兮恍兮，其中有象③；恍兮惚兮，其中有物。窈兮冥兮④，其中有精⑤；其精甚眞⑥，其中有信⑦。

自今及古⑧，其名不去，以閱衆甫⑨。吾何以知衆甫之狀哉？以此⑩。

導讀

本章首句「孔德之容，惟道是從」，論及道與德的關係：

一、道是無形的，它必須作用於物，透過物的媒介，才得以顯現它的功能。道所顯現於物的功能，稱為德。

二、一切物都由道所形成，內在於萬物的道，在一切事物中表現它的屬性，亦即表現它的德。

三、形而上的道落實到人生層面時，稱之為德。即道本是幽隱而未形的，它的顯現，就是「德」。

「道之為物」以下和第十四章一樣，重在描述形上之「道」。形上之「道」，恍惚無形，但在深遠暗昧之中，確是「有物」、「有象」、「有精」，隱含了「以氣言道」的重要哲學議題，「象」、「精」皆與「氣」相關。這種大道氣化流行的觀點，在老子仍是一個尚未突顯的論題，至莊子「通天下一氣」（《莊子．知北遊》）成為一個被突顯的議題，對宋明理學、清代實學都產生了具體的影響。

譯文

大德的樣態，隨著道為轉移。

道這個東西，是恍恍惚惚的。那樣的惚惚恍恍，其中卻有跡象；那樣的恍恍惚惚，其中卻有實物；那樣的深遠暗昧，其中卻有精質；這最微小的原質是很真實的，其中卻是可信驗的。

從當今上溯到古代，它的名字永遠不能消去，依據它才能認識萬物的本始。我怎麼知道萬物本始的情形呢？從「道」認識的。

注釋

①孔：甚，大。德：「道」的顯現與作用為「德」。容：運作，樣態。

②惟恍惟惚：恍惚，猶彷彿。

③象：跡象。

④窈兮冥兮：深遠暗昧。

⑤精：最微小的原質。

⑥其精甚真：這最微小的原質是很真實的。

⑦信：信驗，信實。

⑧自今及古：通行本作「自古及今」，據帛書本和傅奕本改正。

⑨以閱眾甫：以觀察萬物的起始。「甫」，始。

⑩以此：「此」指道。

賞析與點評

「自今及古，其名不去，以閱眾甫」，同第十四章「執古御今」的歷史意識有著內在的聯繫。東、西方在歷史意識的議題上都有獨特的見解，尼采在他早期的著作《歷史對於人生的利弊》（*The Use and Abuse of History*）中曾說：「人所以成為人，就在於他首先在其思考、比較、區分和結論之中壓抑了非歷史的因素，並以憑藉古為今用的能力讓一種清晰而突然的光亮射穿這些迷霧。」尼采認為，每個人和每個民族都需要過去的知識與經驗，時而是紀念的歷史，時而是批評的歷史，這不同的歷史都是為人生的目的服務的。一個民族的歷史文化，應是一個生生不息的整體。

在和西方思想的對比中，方東美先生注意到：「中國哲學的傳統，自先秦、兩漢以至漢唐、宋明，都有一個共通點，這個共通點，以司馬遷的話來說，就是『究天人之際』。另一方面，無論是哪一派的中國哲學，都不像西方的思想，往往是以個人為中心，而後形成一個獨特的思想系統。……這在中國哲學可沒有這一套，我們又可以司馬遷一句話來說，就是『通古今之變』。這個『通古今之變』，就是一切哲學思想，無論是個人的、學派的或是產生自任一時代的，都要表達出『historical continuity』——歷史的持續性，要與其它各派的哲學思想發展，彼此呼應，上下連貫，形成時間上的整體聯繫，絕無所謂思想的孤立系統。」(《新儒家哲學十八講》)

二十二章。

曲則全，枉①則直，窪則盈，敝則新，少則得，多則惑。是以聖人孰一②為天下式③。不自見④，故明⑤；不自是，故彰；不自伐，故有功；不自矜，故能長⑥。夫唯不爭，故天下莫能與之爭。古之所謂「曲則全」者，豈虛言哉！誠全而歸之。

導讀

本章進入人生層面。「曲則全，枉則直，窪則盈，敝則新，少則得，多則惑」這六句，引用古語論說事物相反相成、對立轉化的道理；後面的「不自見」、「不自是」、「不自伐」、「不自矜」這四句，則是曉喻人們不要總是以自我為中心，要能持守「不爭」之德。

譯文

委曲反能保全，屈就反能伸展，低窪反能充盈，敝舊反能生新，少取反能多得，貪多反而迷惑。

所以有道的人堅守這一原則作為天下事理的範式。不自我表揚，反能顯明；不自以為是，反能彰顯；不自我誇耀，反能見功；不自我矜恃，反能長久。

正因為不跟人爭，所以天下沒有人和他爭。古人所說的「委曲可以保全」等話，怎麼會是空話呢！它是實實在在能夠達到的。

注釋

①枉：屈。

②執一：通行本作「抱一」，據帛書本改正。

③式：法式，範式。

④自見（ㄒㄧㄢˋ）：自現，自顯於眾。

⑤明：彰明。

⑥能長：通行本缺「能」字，據帛書本增補。

賞析與點評

常人所見只是事物的表象，看不到事物的根底，而老子則不同。他以自己豐富的生活經驗，以及卓越的生命智慧觀照現實世界的萬事萬物，認為：一、事物常在對待關係中產生，我們必須對於事物的兩端都加以徹查。二、我們必須從正面去透視負面的意義，對於負面意義的把握，更能顯現出正面的內涵。三、所謂正面與負面，並不是兩種截然不同的東西，它們經常是一種依存的關係，甚至於經常是表象和根底的關係。

常人對於事物的執取，往往急功近利，只貪圖眼前的喜好，老子則曉喻人們，要拓展視野。觀賞枝葉的繁盛的同時，要注意到它根底的牢固。只有結實的根，才能長出豐盛的葉子。所以老子認為在「曲」裡面存在著「全」的道理；在「枉」裡面存在著「直」的道理；在「窪」裡面存在著「盈」的道理；在「敝」裡面存在著「新」的道理。因而在「曲」和「全」、「枉」和「直」、「窪」和「盈」、「敝」和「新」的兩端中，把握了其中作為根底的一面，便可以更好地把握顯現的一面。

常人總喜歡追逐事物的表象，芸芸眾生莫不亟亟於求「全」求「盈」，汲汲於張揚自炫，因而引起無數的紛爭。求全之道，莫過於「不爭」。「不爭」之道，又在於「不自見」、「不自是」、「不自伐」、「不自矜」。本章開篇所說的「曲」、「枉」、「窪」、「盈」，也都包含「不爭」之意。

二十三章。

希言①自然。故飄風②不終朝，驟雨③不終日。孰為此者？天地。天地尚不能久，而況於人乎？故從事於道者，同於道；德者，同於德；失④者，同於失。同於德者，道亦德之；同於失者，道亦失之⑤。信不足焉，有不信焉。

導讀

本章老子提出「希言」的政治理想：少聲教法令之治，行清靜無為之政，以不擾民為原則，百姓安然舒適，這才合乎自然。全章圍繞「希言自然」的主題展開。

譯文

少發政令是合於自然的。

所以狂風刮不到一早晨，暴雨下不了一整天。誰使它這樣的？是天地。天地的狂暴都不能持久，何況人呢？

所以從事於道的人，就合於道；從事於德的人，就合於德；表現失道失德的人，就會喪失所有。同於德的行為，與道相合；行為失德的，與道相悖。

統治者的誠信不足，人民自然不相信他。

注釋

①希言：字面的意思是少說話，深一層的意思是不施加政令。言，指「聲教法令」。希

言與第五章「多言數窮」形成對比，與第二章「行不言之教」意義相同。

②飄風：強風，大風。

③驟雨：急雨，暴雨。

④失：指失道，失德。

⑤同於德者，道亦德之；同於失者，道亦失之：通行本作「同於道者，道亦樂得之；同於德者，德亦樂得之；同於失者，失亦樂得之」，據帛書本改正。

賞析與點評

本章和第十七章相應，第十七章最後一段說「悠兮其貴言。功成事遂，百姓皆謂：『我自然。』」，本章一開頭便說「希言自然」。「希言」和「貴言」談的都是政教法令如何實施的問題，「自然」是指隨順人情人性的本然性。這是一處相應。

另外則是，老子用「飄風」、「驟雨」比喻嚴刑峻法，其結果正是使百姓對統治者「畏之」、「侮之」(第十七章)，使得執政無法久長。所以老子提出了「貴言」、「希言」的政治理想，它們又同第二章的「聖人處無為之事，行不言之教」相應。只有這樣，社會才能呈現出安寧平和的氣象，才能「同聲相應，同氣相求」。

最後則是，本章末段和第十七章又都有「信不足焉，有不信焉」一句，反復強調執政者誠信的重要性。

二十四章。

企①者不立，跨②者不行。自見者，不明；自是者，不彰；自伐者，無功；自矜者，不長。其在道也，曰餘食贅形③。物或惡之，故有道者不處。

導讀

「企者不立，跨者不行」，形容自見、自是、自伐、自矜的情狀，這些輕躁的舉動都是反自然的行徑，因此短暫而不能長久。本章不僅借此說明躁進自炫的行為不可取，也暗示獨斷專行的政舉為人所共棄。

譯文

踮起腳，是站不牢的；跨步前進，是走不遠的。自逞己見的人，反而不得自明；自以為是的人，反而不得彰顯；自己誇耀的人，反而不得見功；自我矜恃的人，反而不得長久。

從道的觀點來看，這些急躁炫耀的行為，可說都是剩飯贅瘤，惹人厭惡，所以有道的人不這樣做。

注釋

①企：同「跂」，踮起腳。

②跨：躍，越，闊步而行。

③餘食贅形：剩飯贅瘤。「形」通行本作「行」，「形」、「行」古字相通，據吳澄之說改正。

賞析與點評

在長沙馬王堆帛書甲、乙兩本中，本章都與第二十二章排列在一起，且本章位於第二十二章之前，這樣的章序應當更為合理。這兩章具有內在聯繫，談論的都是個人的品德和修養的問題，本章從反面指出「自見」、「自是」、「自伐」、「自矜」的危害，第二十二章從正面說明「不自見」、「不自是」、「不自伐」、「不自矜」的益處。一正一反的論說方式，辯證地說明了自我中心的弊病，以及有道者的處世之道。

二十五章。

有物混成，先天地生。寂兮[1]寥兮[2]，獨立而不改[3]，周行而不殆[4]，可以為天下母。吾不知其名，強[5]字之曰道，強為之名曰大[6]。大曰逝[7]，逝曰遠，遠曰反[8]。故道大，天大，地大，人亦大[9]。域中[10]有四大，而人居其一焉。人法地，地法天，天法道，道法自然[11]。

導讀

本章重在描述道體的重要屬性。

一、「有物混成」。「道」不是由不同分子或部位組合而成的，而是一個渾樸的、圓滿自足的和諧體。

二、「先天地生」、「為天下母」。「道」不僅在時序上先於天地而存在，而且天下萬物又都是由「道」產生的。

三、「獨立不改」。現象界的一切事物都是相對待的，而「道」卻是獨一無二的。

四、「周行不殆」。「道」是個動體，周流不息地運轉著。但它本身不會隨著運轉消失，而是終則有始，更新再始。

五、「道大」。「道」在廣度和寬度上是無限延展的。

六、「道法自然」。「道」以自然作為歸宿，「道」的本性就是自然。「自然」這一觀念是老子哲學的基本精神。

譯文

有一個混然一體的東西，在天地形成以前就存在。聽不見它的聲音也看不見它的形體，它獨立長存而永不休止，循環運行而生生不息，可以為天地萬物的根源。我不知道它的名字，勉強叫它作「道」，再勉強給它起個名字叫做「大」。它廣大無邊而周流不息，周流不息而伸展遙遠，伸展遙遠而返回本原。

所以說，道大，天大，地大，人也大。宇宙間有四大，而人是四大之一。人取法地，地取法天，天取法道，道純任自然。

注釋

① 寂兮：靜而無聲。

② 寥兮：動而無形。

③ 獨立而不改：形容道的獨立和永存。

④ 周行：有兩種解釋，一、周作周遍講，周行指全面運行。二、周作環繞講，周行指循環運行。殆，通「怠」。不殆：不息。

⑤ 強：通行本缺此字，據傅奕本增補。

⑥大：形容道的沒有邊際，無所不包。

⑦逝：指道的行進，周流不息。

⑧反：《老子》書中的「反」字有兩種用法，一作「返」，一作「相反」，本章「反」屬前者。

⑨人亦大：通行本作「王亦大」。從「人法地，地法天，天法道」來看，「王」字當作「人」字。

⑩域中：空間之中，猶今人所稱宇宙之中。

⑪道法自然：道純任自然，自己如此。

賞析與點評

一、「有物混成，先天地生」一句是老子宇宙本原論的重要說法，如張岱年先生說：「老子提出了關於道的新說。老子認為道是『先天地生』的世界本原。道是萬物的根源，道的存在不同於萬物的存在。如有上帝，上帝也以道為本。」（《中國古典哲學概念範疇要論》）

二、「大曰逝，逝曰遠，遠曰反」一句重點描述了道的周行而不殆，和第十六章的「觀復」、第四十章的「反者道之動」相呼應。美國學者安樂哲（Roger T. Ames）在《道不遠人——比較哲學視域中的〈老子〉》一書中特別關注「道」的這重屬性，將道的周行而不殆概括為「道家過程宇宙論」，認為這種宇宙論的特徵在於強調相互關聯性、過程性、流動性和創造性。

三、從「道大，天大，地大，人亦大」一句來看，老子一方面將神移出道的理想園地，另一方面將人提攜至與道、天、地平等的地位，視作「四大」之一。並且，正如徐復觀先生所說，道家的宇宙論是為了回答人生的問題，從而「逐步向上面推求，推求到作為宇宙根源的處所，以作為人生安頓之地」，「在宇宙根源的地方來決定人生與自己根源相應的生活態度，以取得人生的安全立足點。所以道家的宇宙論，實即道家的人性論」。（《中國人性論史．先秦篇》）

四、「人法地，地法天，天法道，道法自然。」這一段呈現了老子天人關係的新觀點。孫以楷教授說：「老子提出天人之分，是為了否定傳統的以天神為主的『天人合一』，在肯定了天道的自然屬性的基礎上，老子又重構了『天人合一』。他說：『人法地，地法天，天法道，道法自然。』歸根到底，有為的人道和無為的天道是統一的，天、地、萬物、人構成一個和諧的系統。人是自然的一部分，人無論就生物系統還是社會系統而言，都與整個宇宙系統相應。因此，人的一切行為與社會舉措都應該與宇宙之道、天地之道相一致。」（孫以楷主編：《道家與中國哲學》先秦卷）

二十六章。

重為輕根，靜為躁君。是以君子①終日行不離輜重②。

雖有榮觀③，燕處④超然。奈何萬乘之主⑤，而以身輕天下⑥？

輕則失根⑦，躁則失君。

導讀

本章主「靜」、「重」，評「輕」、「躁」，強調厚重、靜定才是一國之君修身、治國的根本。

譯文

厚重是輕率的根本，靜定是躁動的主帥。

因此，君子整天行走不離開載重的車輛。雖然有華麗的生活，卻安居泰然。為什麼身為大國的君主，還輕率躁動以治天下呢？

輕率就失去了根本，躁動就失去了主體。

注釋

①君子：通行本作「聖人」，據帛書本改正。

②輜重：軍中載器械糧食的車。

③榮：豪華，高大。觀：台觀，樓觀。榮觀，指華麗的生活。

④燕處：安居。

⑤萬乘之主：指大國的君主。「乘」是車數。「萬乘」指擁有兵車萬輛的大國。

⑥以身輕天下：任天下而輕用自己的生命。

⑦根：通行本作「本」，據《永樂大典》和俞樾之說改正。

賞析與點評

老子有感於當時的統治者奢恣輕淫、縱欲自殘，所以感歎地說：「奈何萬乘之主，而以身輕天下？」這是很沉痛的話。一國的統治者，當能靜重，而不輕浮躁動，輕躁的作風，就像斷了線的風箏，立身行事，草率盲動，一無效準。

二十七章。

善行無轍跡[1]，善言[2]無瑕謫[3]，善數[4]不用籌策[5]，善閉無關楗[6]而不可開，善結無繩約[7]而不可解。

是以聖人常善救人，故無棄人；常善救物，故無棄物。是謂襲明[8]。

故善人者不善人之師，不善人者善人之資[9]。

不貴其師，不愛其資，雖智大迷，是謂要妙[10]。

導讀

本章承續上章聖人行事持重守靜的風格，例舉聖人「善行」、「善言」、「善數」、「善閉」、「善結」的處世方法，說明含藏智慧的聖人「常善救人，故無棄人；常善救物，故無棄物」。

本章不僅寫出有道者善於掌握樞紐、順任自然以待人接物，更表達了有道者無棄人、無棄物的心懷。具有這種心懷的人，對於善人和不善人都能一律加以善待。特別是對於不善的人，並不因其不善而鄙棄他，一方面要勸勉和感化他，另一方面則是給善人做個借鑒。

譯文

善於行走的，不留痕跡；善於言談的，沒有過失；善於計算的，不用籌碼；善於關閉的，不用栓梢卻使人不能開；善於捆縛的，不用繩索卻使人不能解。

因此，有道的人經常善於做到人盡其才，所以沒有被遺棄的人；其也經常善於做到物盡其用，所以沒有被廢棄的物。這就叫做保持明境。

所以善人可以作為不善人的老師，不善人可以作為善人的借鏡。不尊重他的老師，不珍惜他的借鏡，即使是智者，也會迷惑不清。這真是精要玄妙的道理。

注釋

①轍，軌跡。跡：足跡，馬跡。
②善言，指善於行「不言之教」。
③瑕讁：過失。
④數：計算。
⑤籌策：古時候計數的器具。
⑥關楗（ㄐㄧㄢˋ）：栓梢。
⑦繩約：繩索。
⑧襲：承襲，有保持或含藏的意思。明：指瞭解道的智慧。襲明：含藏著「明」。
⑨資：取資、借資的意思。
⑩要妙：精要玄妙。

賞析與點評

本章同時是對「自然無為」思想的引申。「善行」、「善言」，就是指善於行不言之教，善於處無為之政。「善數」、「善閉」、「善結」各句，都是意義相同的譬喻，意謂「以自然為道，則無所容力，亦無所著跡」（林希逸語）。譬喻有道者治國不用有形的作為，而貴無形的因任，因循順任人、物的自然情狀。有道者能夠以本明的智慧，去觀照人與物，瞭解人各有才，物各有用，進而做到人盡其才，各因其性地成就他們，所以說，「常善救人，故無棄人」；同時做到物盡其用，順物之性以展現其功能，所以說，「常善救物，故無棄物」。這便是「自然無為」的具體表現。

二十八章。

知其雄，守其雌①，為天下溪②。為天下溪，常德不離，復歸於嬰兒。知其白，守其黑，為天下式。為天下式，常德不忒，復歸於無極。③知其榮，守其辱，為天下谷。為天下谷，常德乃足，復歸於樸。樸散則為器④，聖人用之⑤，則為官長⑥，故大制不割⑦。

導讀

本章圍繞「知雄守雌」、「知白守黑」、「知榮守辱」的兩相對待展開，這裡的「守」不是退縮或回避的意思，而是含有主宰性在裡面，是不僅執持「雌」、「黑」、「辱」的一面，也還可以運用「雄」、「白」、「榮」的一面，是居於最恰切妥當的地方對全域的把握。

譯文

深知雄強，卻安於雌柔，作為天下所遵循的蹊徑。有了天下所遵循的蹊徑，常德就不會離失，而回復到嬰兒的狀態。

深知明亮，卻安於暗昧，作為天下所效法的範式。有了天下所效法的範式，就不會背離常德，而回復到無極的狀態。

深知榮耀，卻安於屈辱，作為天下的川谷。有了天下的川谷，常德才可以充足，而回復到真樸的狀態。

真樸的道，分散成萬物，有道的人沿用真樸，也就是百官的首長。所以完善的政治是不可割裂的。

注釋

①知其雄，守其雌：「雄」譬喻剛強、躁進。「雌」譬喻柔靜、謙下。

②溪：同「傒」，蹊徑。言墨守雌靜，當為天下所遵循之蹊徑。

③「無極」是中國哲學史上的重要概念，這一詞最早見於本章「復歸於無極」。王弼注「無極」為「不可窮也」。這裡指「道」。

④器：物，指萬物。

⑤之：指樸。

⑥官長：百官的首長，指君主。

⑦大制不割：完善的政治是不割裂的。

賞析與點評

本章的「知雄守雌」、「知白守黑」、「知榮守辱」正如第四十二章的「負陰抱陽」，強調相反屬性的相生相依，相反相成，同時傳達著一種內收、凝斂、含藏的精神。美國歷史學家理查・塔那斯（Richard Tarnas）正是從雄強有餘而雌柔不足的角度反思西方心靈的，指出「西方心靈的陽剛性質是普遍和基本的」，它「由一種英雄式的衝動支配」，「陽剛的心靈壓抑了陰柔的心靈」，因而它必須被克服，必須通過對失去的陰柔性的找尋，才能得以完善。（《西方心靈的激情》）

除「無極」這一概念最早見於本章，見於道家的文獻外，中國哲學史上，特別是易學哲學史上的另一個重要概念——「太極」，最早也是出現在道家的文獻中，那便是《莊子・大宗師》篇。由此可見道家之於易學傳統的建構意義。

二十九章。

將欲取①天下而為②之，吾見其不得已③。天下神器④，不可為也，不可執也⑤。為者敗之，執者失之。故物或行或隨，或噓⑥或吹，或强或羸⑦，或培或墮⑧。是以聖人去甚，去奢，去泰⑨。

導讀

在本章，老子把天下視為「神器」，宣示天下是神聖的，因而在施政方面，對「有為」之政提出了警告。治理國家若強力作為或暴力把持，都將自取敗亡。理想的政治應順任自然，因勢利導，一方面要允許差異性和特殊性的存在，不能削足適履；另一方面要捨棄一切過度的措施，去除一切酷烈的政舉。

譯文

想要治理天下卻用強力去做，我看他是不能達到目的的。「天下」是神聖之物，不能強力作為，不能暴力把持。出於強力的，一定會失敗；加以把持的，一定會失去。

世間物性不同，人性各別，有的行前，有的隨後；有的性緩，有的性急；有的強健，有的羸弱；有的自愛，有的自毀。

所以聖人要去除極端的、奢侈的、過度的措施。

注釋

①取：為，治，猶攝化。
②為：指「有為」，強力去做。
③已，語氣詞。不得已：不可得。
④天下神器：天下是神聖的東西。
⑤不可執也：通行本缺此句，據劉師培之說增補。執：把持。
⑥噓：通行本作「歔」，據景龍碑本改正。
⑦羸（ㄌㄟˊ）：羸弱。
⑧隳（ㄏㄨㄟ）：毀壞。此句通行本作「或挫或隳」，據帛書本、傅奕本改正。
⑨泰：太過。

賞析與點評

本章老子舉出「有為」之政的害處，進而申說「無為」治國的道理。

老子尤其注意到世界的多樣性，特別是世人性情的多元而非單一，有不同的心理狀態、行為樣態，因此聖人應該順應民情，去除極端、奢侈、過度的措施，所以林語堂在《老子的智慧》中將此章名之為「戒干涉」。

三十章。

以道佐人主者，不以兵強天下。其事好還①。
師之所處，荊棘生焉。大軍之後，必有凶年。
善有果②而已，不敢以取強。果而勿矜，果而勿伐，果而勿驕，
果而不得已，果而勿強。
物壯③則老，是謂不道。不道早已④。

導讀

「師之所處，荊棘生焉」，老子描述了戰爭的慘烈和它的觸目驚心。人類最愚昧、最殘酷的行為，就表現在發動戰爭上。敗陣者傷殘累累，國破家亡，勝利者付出的代價也是極其慘重的。所以老子警告說「其事好還」——武力橫行，終將自食其果；武力暴興，必定自取滅亡。

譯文

以道輔助君主的人，不靠兵力逞強於天下。用兵這件事一定會得到還報。軍隊所到的地方，長滿荊棘。大戰過後，一定會有荒年。

善用兵的，只求達到救濟危難的目的，不借用武力來逞強。達到目的卻不矜恃，達到目的卻不誇耀，達到目的卻不驕傲，達到目的卻出於不得已，達到目的卻不逞強。

凡是氣勢壯盛的就會趨於衰敗，這是不合於道的，不合於道很快就會消逝。

注釋

①其事好還：用兵這件事一定會得到還報。

②果：效果。有幾種解釋：一、救濟危難；二、完成；三、勝。

③壯：武力興暴。

④不道：不合於道。早已：早死。

賞析與點評

本章「勿矜、勿伐、勿驕」與前章「去甚、去奢、去泰」正相對應。

本章對於當今世界範圍內的軍事霸權主義仍然具有震懾和警告的作用，尤其是章末的「物壯則老，是謂不道。不道早已」，道出了軍事霸權主義動輒舉兵逞強而自食其果的普遍下場。

「物壯則老」這一命題又見於《老子》第五十五章，體現了古代的辯證思維，講述著物極必反的道理。向前追溯，這一思路源於《易經》提出的「否極泰來」；向後梳理，戰國中後期黃老學派對此多有闡發，典型的如《鶡冠子．環流》的「物極則反」。

三十一章。

夫兵者①，不祥之器，物或惡之，故有道者不處。君子居則貴左，用兵則貴右②。兵者不祥之器，非君子之器，不得已而用之，恬淡③為上。勝而不美，而美之者，是樂殺人。夫樂殺人者，則不可得志於天下矣。吉事尚左，凶事尚右。偏將軍居左，上將軍居右，言以喪禮處之。殺人之衆，以悲哀④泣⑤之；戰勝，以喪禮處之。

導讀

本章延續前章對於武力侵略的沉重抨擊，在老子看來，用兵是出於「不得已」的——若是為了除暴救民而用兵，也應該「恬淡為上」，獲勝了也不能得意洋洋，而要「以喪禮處之」、「以悲哀泣之」，這是人道主義的呼聲。

譯文

兵革是不祥的東西，大家都怨惡它，所以有道的人不使用它。

君子平時以左方為貴，用兵時以右方為貴。兵革是不祥的東西，不是君子所使用的東西，萬不得已而使用它，最好要淡然處之。勝利了也不要得意洋洋，如果得意洋洋，就是喜歡殺人，喜歡殺人者就不能在天下得到成功。

吉慶的事情以左方為上，凶喪的事情以右方為上。偏將軍在左邊，上將軍在右邊，這是說出兵打仗要用喪禮的儀式來處理。殺人眾多，以哀痛的心情去對待；打了勝仗，用喪禮的儀式去處理。

注釋

①通行本作「夫佳兵者」，「佳」字疑為衍文，據帛書本改正。

②古時候的人認為左陽右陰，陽生而陰殺。後文所謂「貴左」、「貴右」、「尚左」、「尚右」、「居左」、「居右」都是古時候的禮儀。

③恬淡：不歡愉，不濃厚。

④悲哀：通行本作「哀悲」，據傅奕本改正。

⑤泣：有兩種講法：一、哭泣；二、泣為「蒞」的誤寫，蒞臨、對待的意思。

賞析與點評

戰爭與和平是人類面臨的重大議題，老子從上一章到這一章反覆申說戰爭的危害，表達了他的反戰思想，「以悲哀泣之」、「以喪禮處之」的戰爭觀更是史無前例的。林明照教授注意到這一點，注意到其中包含的兩重寓意：「其一，老子將其道論中天道自然觀與『慈』的內涵，注入到原本以『慎終追遠』為基調的喪禮中；其次，透過喪禮而非嘉禮的儀制，體現了老子對於戰爭本質的思考。」（《先秦道家的禮樂觀》）

鑒往知今，誠如徐梵澄先生所說：「此宛如老氏預知歐美社會為言者。……文明愈進然禍患亦以是益深。」（《老子臆解》）相比於使禍患益深的自我中心的立場，我們更應當尊重每個民族自己的生活方式和價值判斷，包容多元的文化。

三十二章。

道常無名、樸①。雖小②，天下莫能臣③。
侯王若能守之，萬物將自賓④。
天地相合，以降甘露，民莫之令而自均⑤。
始制有名⑥，名亦既有，夫亦將知止，知止⑦可以不殆。
譬道之在天下，猶川谷之於江海⑧。

導讀

本章老子用「樸」來形容道的原始無名的狀態，侯王若能持守無名之樸的道，持守道的自然無為的特性，人民當能安然自適，各遂其生。道的功用，均調普及，乃是一種真正的平等。

譯文

道永遠是無名而質樸的。雖然幽微不可見，天下卻沒有人能臣服它。侯王如果能守住它，萬物將會自然地歸從。

天地間陰陽之氣相合降下甘露，人們無須指使它而自然潤澤均勻。

萬物興作產生了各種名稱，各種名稱制定了，就知道有個限度，知道限度，就可以避免危險。

道存在於天下，猶如江海為河川所流注一樣。

注釋

①道常無名、樸：老子以「無名」和「樸」喻「道」。樸，乃無名之譬。木之未制成器者，謂之「樸」。此句歷來有兩種斷句法，一為「道常無名樸」，一為「道常無名，樸（雖小）」，「樸」屬下讀。考慮到第三十七章有「無名之樸」的講法，所以這裡採用第一種斷句。

②小：「道」是隱而不可見的，所以用「小」來形容。

③通行本「莫能臣」後有「也」字，據楚簡本、帛書本刪去。

④自賓：自將賓服於「道」。

⑤民莫之令而自均：人們無須指令，而「道」之養物，猶甘露之自然均普。

⑥始制有名：即第二十八章所說的「樸散則為器」。萬物興作，於是產生了各種名稱。「始」是指萬物的開始。

⑦知止：知道行事的限度。「止」，一為適可而止，即行事有個限度；一謂行止，指處身行事。

⑧一說此為倒文，當作「道之在天下，譬猶江海之與川谷」，以「江海」喻「道」，以「川谷」喻天下萬物。

賞析與點評

自古以來，貧富的懸殊都是嚴重的社會問題。本章的獨特之處，便在於提出「天地相合，以降甘露，民莫之令而自均」的平等思想。由天地自然均普地滋養萬物，論及聖人自然均普地澤及百姓，展現出一種推天道以明人事的思維方式。

同樣的，孔子也注意到貧富懸殊帶來的社會問題，為此說，「不患寡而患不均，不患貧而患不安」（《論語．季氏》）。這種思想和近代以來流行的「物競天擇，適者生存」的演化論觀點是相對立的。

八十年代初，我在芝加哥大學參加鄒讜教授主持的五四運動學術討論會時就注意到，有些西方學者討論社會主義思潮時，會將源頭上溯至孔、老的這種均平主義。

三十三章。

知人者智，自知者明。
勝人者有力，自勝者强①。
知足者富。
强行②者有志。
不失其所者久。
死而不亡③者壽。

導讀

本章講個人修養與自我建立。一個能「自知」、「自勝」、「自足」、「強行」的人，他最重要的品格是能省視自己、堅定自己、克制自己，並且矢志力行，這樣才能進一步開展他的精神生命和思想生命。在老子看來，知人、勝人固然重要，但自知、自勝更重要。

譯文

瞭解別人是才智，體悟自己是明哲。
戰勝別人是有力量，克服自己是堅強。
知道滿足的人富有。努力不懈的人有志。
不離失根基的人能夠長久。
身死而不朽的人才是長壽。

注釋

① 強：含有果決的意思。第五十二章「守柔曰強」的「強」字與之用法一樣，都是老

子的特殊用字。

②強行：勤勉力行。

③死而不亡：身沒而道猶存。

賞析與點評

嚴復在《老子》注中說：「『智』如燭，『明』如鑒。」這一章說明人自身修養的問題。黃登山教授《老子釋義》注釋本章說：「此處所說：『知人者智』，是指能察賢愚、辨是非而言。能知人就能擇其善者而從之，其不善者而改之；所以這種智應屬大智。人不但要知人，還要知己。凡是能知己、能恢復本性的人，老子稱之曰『明』。總之，智由外而得，明由內而悟。」此外，湯漳平教授注《老子》時，在本章的題解中提到：「中國古代士人十分注重自身的品格修養，將自己在社會生活中感悟出來的充滿智慧的人生哲理加以總結，成為所謂『格言』，用以律己、治家、誨人，這是中華文化可貴的精神財富。」

三十四章。

大道氾兮①，其可左右。萬物恃之以生而不辭②，功成而不有③。衣養萬物而不為主，常無欲，可名於小；萬物歸焉而不為主，可名為大。以其終不自為大，故能成其大。

導讀

本章說明道的作用。道生長萬物，養育萬物，使萬物各得所需，各適其性，而絲毫不加以主宰。老子借「道」來闡揚順任自然而「不為主」的精神，意在消解人們佔有和支配的衝動。「衣養萬物而不為主」，我們從中可以呼吸到愛與溫暖的空氣。

譯文

大道廣泛流行，無所不到。萬物依賴它生長而不止息，有所成就而不自以為有功。養育萬物而不自以為主，沒有私欲，可以稱它為「小」；萬物歸附而不自以為主宰，可以稱它為「大」。由於它不自以為偉大，所以才能成就它的偉大。

注釋

①泛（ㄈㄢˋ）兮：廣泛流行的樣子。

②辭：有三種解釋：一、言辭，稱說。二、推辭。三、止息。譯文從三。此句通行本作「萬物恃之而生而不辭」，據傅奕本改正。

③功成而不有：通行本作「功成不名有」，據蔣錫昌之說改正。

賞析與點評

老子常說「道大」，如第二十五章說「道大」、「強為之名曰大」，說明了道的廣大無邊。同時，老子又說「道小」，如第三十二章「道常無名，樸。雖小」和本章「可名於小」，這裡的「小」指的是最細微的地方都有道。老子透過道的大、小問題，展開了宏觀和微觀兩種道論的視野。

三十五章。

執大象①，天下往。往而不害，安②平太③。樂與餌④，過客止。道之出口，淡乎其無味，視之不足見，聽之不足聞，用之不足既。

導讀

本章講人君持守自然無為的大道，就能給民眾帶來平和安泰的生活。側重在描述大道無形無跡、超言絕相的屬性。

譯文

執守大道，天下人都來歸往。歸往而不互相傷害，於是大家都平和安泰。音樂和美食，能使過路的人停步。而道的表述，卻淡得沒有味道，看它卻看不見，聽它卻聽不著，用它卻用不完。

注釋

① 象：道。大象：大道。

② 安：乃，於是。

③ 太：同「泰」，安寧的意思。

④ 樂與餌：音樂和美食。

賞析與點評

老子不止一次地用「象」指「道」，本章之外，還有第十四章的「無物之象」和第四十一章的「大象無形」，都用來說明道雖然不落形跡，但卻是實存的。

關於這裡的以「象」指「道」，蔣錫昌在《老子校詁》中提供了另一種思路，認為「『大象』即指大道而言。蓋以道有法象，可為人君之法則，故謂大道為『大象』也。第四十一章『大象無形』，言大道無形也。『執大象，天下往』謂聖人守大道，『則天下萬物歸往也』。」

三十六章。

將欲歙之①，必固②張之；將欲弱之，必固强之；將欲廢之，必固舉③之；將欲取④之，必固與之，是謂微明⑤。

柔弱勝剛强。

魚不可脫於淵，國之利器不可以示人。

導讀

本章通過四組對立的概念：歙與張、弱與強、廢與舉、取和與，說明對立雙方相反相成、互相轉化的道理，強調一種辯證的思維方式。老子認為，當事物發展到某一極限的時候，必然會向相反的方向運轉，這是他對事態發展的一般規律的分析，是物極必反的道家原則。

譯文

將要收合的，必先張開；將要削弱的，必先強盛；將要廢棄的，必先興舉；將要取走的，必先給與，這便是幾先的徵兆——在張開、強盛、興舉、給與之時已經暗含有收合、削弱、廢棄、取走的徵兆。

柔弱勝過剛強。魚不能離開深淵，國家的利器不可以隨便耀示於人。

注釋

① 歙（ㄒㄧˋ）：歛，合。

②固：必然、一定。
③舉：通行本作「興」，據勞健、高亨之說改正。
④取：通行本作「奪」，據《韓非子．喻老》改正。
⑤微明：幾先的徵兆。

賞析與點評

一、在「柔弱勝剛強」的剛強和柔弱的對峙中，老子寧願居於柔弱的一端。深入而普遍地觀察人事和物性之後，老子瞭解到「勢強必弱」的道理，看來剛強的東西，由於它的彰顯外溢，由於它的暴露而不能持久，而看來柔弱的東西，由於它的含藏內斂，往往比較富有韌性，而能夠長久，「齒亡舌存」傳遞的便是這個道理。老子推崇的這種守柔的人格形態，成為士人的一種獨特的精神面貌，凝聚著中華民族性格中堅韌的一面。

二、「柔弱勝剛強」的命題上承續《尚書》、《易經》，下影響《易傳．彖傳》。《尚書．洪範》篇說：「三德一曰正直，二曰剛克，三曰柔克。」王博教授指出：「剛柔對言，於文獻蓋始於此。老子言剛柔，或即承此而來。又《尚書》認為，須針對不同的情形來運用剛德或柔德，如『沉潛剛克，高明柔克』。可知《洪範》有剛可勝柔，柔能克剛之義，老子主要發揮了『高明柔克』之方面，故盛言柔弱之為用，主『弱能勝強，柔能勝剛』。」（《老子思想的史官特色》）

《易經．履卦》說：「履虎尾，不咥人，亨。」踩到老虎尾巴，本是兇險至極之事，為何能迎來老虎不吃人的幸運結局呢？易學家唐明邦說：「本卦認為履道險惡，貴在慎、謙。同是『履虎尾』，由於態度不同，結果相反。以恐懼戒慎心情對待，結果『終吉』；自以為『眇能視，跛能履』，趾高氣揚，結果被老虎吃掉。可見，謙柔能自保，剛強則喪生，柔弱勝剛強。」（《周易評注》）

「柔弱勝剛強」在《易經．履卦》尚屬隱含性的思維，到了《老子》才成為顯明性的命題，並影響了《易傳．彖傳》，例如《彖傳》解說《履卦》時就說：「履，柔履剛也。」易學與老學的內在聯繫與相互影響，由此可見一斑。

三十七章。

道常無為而無不為①。侯王若能守之，萬物將自化②。化而欲作，吾將鎮之以無名之樸。無名之樸，夫亦將不欲。不欲以靜，天下將自正。

導讀

本章圍繞老子的政治理想展開。老子認為統治者應順任自然，要做到清淨、真樸、不貪，不奢，不攪擾人民，不擴張私欲，讓人民自我化育、自我實現、自我發展、自我完成——無為而自化。這樣，人們的生活便可以獲得安寧，社會也能趨於安定。

譯文

道永遠是順任自然的，然而沒有一件事不是它所為。

侯王如果能持守它，萬物就會自生自長。自生自長而至貪欲萌作時，我就用道的真樸來安定它。用道的真樸來安定它，就不會起貪欲。不起貪欲而趨於寧靜，天下便自然復歸於安定。

注釋

①無為而無不為：無為，順其自然、不妄為。無不為，無所不能為。

②自化：自我化育，自生自長。

賞析與點評

「無為」是《老子》書中至關重要的一個概念，可以分作三個層次：「無為」、「為無為」、「無為而無不為」。

「無為」談聖人的處事治國之道，如說「聖人處無為之事」（二章）、「我無為而民自化」（五十七章）。「為無為」更進一步地指出，聖人的這種處事治國之道是用「無為」的方式去「為」，如說「為無為，則無不治」（三章）。「無為而無不為」則是談這樣一種用「無為」的方式去「為」的功用，老子強調統治者要效法天道自然無為以輔養萬物，用順任人性的態度來處理政務，以潛移默化的方式來教導民眾，就能收到很好的效果（「無不為」）。胡適曾說：「『道常無為而無不為』，這是自然主義宇宙觀的中心觀念。這個觀念又是一種無為放任的政治哲學的基石。」（《中國哲學裡的科學精神與方法》）

三十八章。

上德不德①，是以有德；下德不失德②，是以無德。
上德無為而無以為③；〔下德為之而有以為〕④。
上仁為之而無以為；上義為之而有以為。
上禮為之而莫之應⑤，則攘臂而扔之⑥。
故失道而後德，失德而後仁，失仁而後義，失義而後禮。夫禮者，忠信之薄⑦，而亂之首⑧。
前識者⑨，道之華⑩，而愚之始。是以大丈夫處其厚⑪，不居其薄⑫；處其實，不居其華。故去彼取此⑬。

導讀

老子身處「禮崩樂壞」的時代，作為修身和治國原則的「道」、「德」、「仁」、「義」、「禮」接連喪失。禮已經演變為繁文縟節，拘鎖著人心，所以老子感慨地說：「禮者，忠信之薄，而亂之首。」禮最重要的內涵是忠信，如果忠信不足的話，社會便要陷入禍亂。為此，老子特別提醒人們要「處厚」、「處實」，希望人們重視倫理原則和規範的內在精神而非它的外在形式。

譯文

上德的人不自恃有德，所以實是有德；下德的人刻意求德，所以沒有達到德的境界。上德的人順任自然而無心作為；〔下德的人順任自然是有心作為〕；上仁的人有所作為卻出於無意；上義的人有所作為且出於有意。上禮的人有所作為而得不到回應，於是就揚著胳膊使人強從。

所以喪失道就會失去德，失了德就會失去仁，喪失了仁就會失去義，失了義就會失去禮。

禮最重要的內涵是忠信，如果忠信不足，禍亂就要開始了。預設的種種規範，不過是道的虛華，是愚昧的開始。因此大丈夫立身敦厚，而不居於澆薄；存心篤實，而不居於虛華。所以捨棄薄華而採取厚實。

注釋

①上德不德：上德的人不自恃有德。

②下德不失德：下德的人恪守著形式上的德。

③上德無為而無以為：上德的人順任自然而無心作為。以：有心，故意。

④下德為之而有以為：「有以為」和「無以為」說的是有沒有模擬造作，有模擬造作就是「有以為」，沒有模擬造作就是「無以為」。帛書甲、乙本和《韓非子．解老》均無此句，為漢時衍入，當作四分法，即「上德……上仁……上義……上禮」。與第十七章參讀，「上德無為而無以為」即「太上，下知有之」，「上仁為之而無以為」即「其次，親而譽之」，「上義為之而有以為」即「其次，畏之」，「上禮為之而莫之應」即「其次，侮之」。

⑤上禮為之而莫之應：上禮的人有所作為而得不到回應。

⑥ 攘臂而扔之：伸出手臂使人強從。扔之：即引之、拽之，即強迫人服從。

⑦ 薄：衰薄，不足。

⑧ 亂之首：禍亂的開端。

⑨ 前識：指預設種種禮儀規範。者：表提頓，無義。

⑩ 華：虛華，非實質的。禮儀規範乃道之「其次」者，故曰「華」。

⑪ 處其厚：立身敦厚。

⑫ 薄：澆薄。

⑬ 去彼取此：捨棄薄華，採取厚實。

賞析與點評

本章中間一段「失道而後德，失德而後仁，失仁而後義，失義而後禮」，我們一般多只留意它表面的批判性，卻忽略了隱含於其中的正面意涵。

從對現實的批判來看，老子客觀地意識到，在「道」、「德」、「仁」、「義」、「禮」逐層下降的過程中，人際關係越來越外在化，人的內在精神不斷被斫傷，自發自主的精神逐漸消失，僅靠一些外在的規範把人的思想行為拘鎖在固定的形式中。當代學者常據此認為，老子絕棄仁、義、禮，將其視為道、德衰敗之後的產物，視為負面的價值。這實際上是沒有從更寬廣的層面上來理解老子的結果。

正面地看，這四句在《韓非子．解老》一篇中作「失道而後失德，失德而後失仁，失仁而後失義，失義而後失禮」，意謂仁、義、禮等倫理原則和規範，必須以自然質樸的道、德作為根基，如果失去了道、德的根基，那麼仁、義、禮也將隨之崩塌。道、德、仁、義、禮這五者環環相扣，具有連鎖性的影響。這是比較符合老子對於倫理道德的看法的理解。

此外，老子在本章前半段談到「上德」、「上仁」、「上義」、「上禮」，「上」字寄託的正是老子理想的德、仁、義、禮的形態。這也說明老子不是一味地絕棄仁、義、禮，而是有著更宏闊的整體性視野，需要我們辯證地加以理解和把握。

三十九章。

昔之得一①者：天得一以清，地得一以寧，神得一以靈，谷得一以盈，萬物得一以生，侯王得一以為天下正②。

其致之也③，謂天無以清④，將恐裂；地無以寧，將恐廢⑤；神無以靈，將恐歇；谷無以盈，將恐竭；萬物無以生，將恐滅；侯王無以正⑥，將恐蹶。

故貴以賤為本，高以下為基。是以侯王自稱⑦孤、寡、不穀⑧。此非以賤為本邪？非乎？故至譽無譽⑨。是故不欲琭琭如玉⑩，珞珞如石⑪。

導讀

本章前半段講道的作用，說明道是構成一切天地萬物所不可或缺的要素。

本章的重點在於講侯王的得道，所以後半段提示作為執政者的侯王要能處下、居後、謙卑，要能體悟「道」的這種屬性。有道的人君當如大廈的基石，要能「珞珞如石」，樸質堅忍。

譯文

從來凡是得到「一」（道）的：天得到「一」而清明，地得到「一」而寧靜，神得到「一」而靈妙，河谷得到「一」而充盈，萬物得到「一」而生長，侯王得到「一」而使天下安定。

推而言之，天不能保持清明，難免要崩裂；地不能保持寧靜，難免要震潰；神不能保持靈妙，難免要消失；河谷不能保持充盈，難免要涸竭；萬物不能保持生長，難免要絕滅；侯王不能保持清靜沉穩，難免要傾覆。

所以貴以賤為根本，高以下作為基礎。因此侯王自稱為「孤」、「寡」、「不穀」。這不是把低賤當作根本嗎？豈不是嗎？所以最高的稱譽是無須誇譽的。因此不願像玉那樣華麗，寧可如石塊般堅實。

注釋

①得一：即得道，「一」是「道」的代稱。

②正：通行本作「貞」，據帛書本改正。

③其致之也：推而言之。通行本缺「也」字，據帛書本增補。

④通行本缺「謂」字，據帛書本增補。

⑤廢：通行本作「發」，據嚴靈峰之說改正。

⑥正：通行本作「貴高」，據趙至堅本和嚴靈峰之說改正。

⑦自稱：通行本作「自謂」，據范應元本改正。

⑧孤、寡、不穀：都是侯王的謙稱。「孤」「寡」是謙虛地說自己孤德、寡德。不穀，有不善的意思。

⑨至譽無譽：最高的稱譽是無須誇譽的。通行本作「致數輿無輿」，據《莊子》和高延第之說改正。

⑩琭琭（ㄌㄨˋ）：形容玉的華麗。通行本缺「是故」二字，據帛書本增補。

⑪ 珞珞（ㄌㄨㄛˋ）：形容石塊的堅實。

賞析與點評

本章的「一」是指萬物統一的根源，未分的整體，即「道」。第十四章「混而為一」的「一」也是指「道」，這是「一」的哲學意涵，「一」在文化上的意涵表現為中國自古以來大一統的形態。歷史地理學者唐曉峰提到：「我們一般把『統一中國』的功勞歸於秦始皇，而說周代是一個分封割據的社會。但是在許多觀念上，特別是在地理觀念上，『一統』化或一體化的東西早已在周代大量出現了。除了『禹跡』這個仍帶有原始痕跡的一體性地域概念外，周人還說：『普天之下，莫非王土』，『王土』也是一體，是更成熟的一體性地域概念，『九州』則是它的分區。」（《人文地理隨筆》）老子作為周代的史官，他將「一」上升為一個抽象的哲學範疇，恐怕正是以這種文化上的一體觀念作為基礎的。文化和哲學之間有著一種歷史的連續性。

此外，老子又通過「貴以賤為本，高以下為基」告誡統治階層要注意基層百姓，這裡同樣蘊含了物極必反、相反相成的事物發展規律。

四十章。

反①者道之動，弱②者道之用。
天下萬物生於有③，有生於無④

導讀

本章可以視為老子「道論」的樞紐，分作兩個部分：一是總結道的體用，二是說明道生萬物的演化過程。由此引出第四十二章對於創生各環節的具體描寫。

譯文

道的運動是循環的；道的作用是柔弱的。

天下萬物生於有，有生於無。

注釋

①反：通常有兩種講法：一、相反，對立面。二、返，循環。此處之「反」即「返」，郭店楚簡本正作「返」。

②弱：柔弱，柔韌。

③有：和第一章「有名萬物之母」的「有」相同，但和第二章「有無相生」及第十一章「有之以為利」的「有」不同，第二章和第十一章的「有」，是指現象界的具體存在物，而本章的「有」則是指道生萬物的有形質的活動過程。

④有生於無：郭店楚簡本作「生於有，生於無」，「有生於無」疑為後出。

賞析與點評

一、《老子》書中的「反」既有「返」的含義，又有「反」的含義。本章和第二十五章的「遠曰反」，都是循環往復意義上的「反」，描述的是道體周而復始、再始更新的運行狀態。而相反對立意義上的「反」，則見於第六十五章的「與物反矣」和第七十八章的「正言若反」。老子認為，道體是恒動的，由「道」所產生的事物也遵循著相反相成的運動變化規律，經歷著再始更新的運動變化過程。

二、相較於楚簡本的「生於有，生於無」，通行本的「有生於無」儘管只多出一個「有」字，但指向的問題卻全然不同。「有生於無」談的是道生萬物的宇宙演化的問題，「無」和「有」描繪的是道創生天地萬物時由無形質落向有形質的活動過程。而「生於有，生於無」談的則是本體論的問題，「無」和「有」是一種並列的關係，而非遞進的關係，指的是道體自身一體兩面的屬性——無限性和實存性，屬於形上學層面的概念，而非它創生天地萬物的中間形態。

四十一章。

上士聞道，勤而行之；中士聞道，若存若亡；下士聞道，大笑之。不笑，不足以為道。

故建言①有之：

明道若昧，進道若退，夷道②若纇③。

上德若谷，大白若辱，廣德若不足，建德若偷④，質真若渝⑤。

大方無隅⑥，大器晚成。

大音希聲，大象無形，道隱無名。

夫唯道，善貸且成⑦。

導讀

本章勾畫了「道」、「德」的深邃、內斂、沖虛和含藏的特性。它的顯現不是外炫的，而是返照的，所以不易為一般人所覺察。

老子在此引用了十二個古人的格言，其特點是兩兩對反，相互彰顯，以正言若反的方式說明道的超越性。

譯文

上士聽了道，努力去實行；中士聽了道，將信將疑；下士聽了道，哈哈大笑。不被嘲笑，那就不足以成為道。所以古時候立言的人說過這樣的話：

光明的道好似暗昧；前進的道好似後退；平坦的道好似崎嶇；

崇高的德好似低下的川谷；最純潔的心靈好似含垢的樣子；廣大的德好似不足；剛健的德好似懦弱的樣子；質樸純真好似隨物變化的樣子；

最方正的好似沒有棱角；貴重的器物總是最後完成；

最大的樂聲反而聽來無聲響；最大的形象反而看不見形跡；道幽隱而沒有名稱。

只有道，善於輔助萬物並使它完成。

注釋

①建言：立言。
②夷道：平坦的道。
③纇（ㄌㄟˋ）：不平。
④建，通「健」。偷：作「惰」解。建德若偷：剛健的「德」好像懈怠的樣子。
⑤渝：變。
⑥大方無隅：最方正的卻沒有棱角。
⑦貸：施與。

賞析與點評

一、從「建言有之」來看，老子之學是建立在古人的思想智慧。湯漳平教授指出本章重點：「老子借前人的話對『道隱無名』的情況做了一番描述。從『明道若昧』

到『質真若渝』一節，主要形容『道德』深藏不露的特徵。『道德』之所以能深藏不露，那是因為它原本深不可測，具有化育萬物、含藏天地的偉大器量。『大方無隅，大器晚成。大音希聲，大象無形』，正是對大道無限性的一種表述。借佛教的話，道家是以『天眼』觀物。」（湯漳平、王朝華譯注《老子》）

二、「真」是道家人性論的重要範疇。陳靜教授認為：「『真』是道家的鼻祖老子首先提出並使用的概念。在《老子》中，『真』出現三次，有二層涵義：其一是斷定物之實在為『真』，見於二十一章：『道之為物，……其精甚真。』；其二是肯定質之純樸為『真』，見於四十一章：『質真若渝』；而五十四章的『修之於身，其德乃真』兼有上述二義。可見物之實在為真，質之純樸為真，這是『真』這一概念最初出現時所具有的基本含義。」（《道家文化研究》第十四輯，〈「真」與道家的人性思想〉）

三、「大音希聲」一句既取象於開篇「聞道」的議題，又旨在傳遞「以樂顯道」的意趣。林明照教授指出：「『大音希聲』之意即為：最極致的樂音，乃是能體現道的希淡平和之音，而這希淡之聲正能帶給人內心平和悠遠的感受。」（《先秦道家的禮樂觀》）

四、「大象無形」一句，老子以「大象」指稱道，以「無形」說明道體的特徵，並蘊含了無形之道作為有形之物的生化之源的意涵。就如王博教授所說：「最早明確地討論到道、象與形的哲人應該是老子。作為老子思想中最重要觀念的道。有時又被稱為『大象』，而認為是無形者。道作為大象，是無形的，但一切有形之物都是從這裡生出。在老子中，由道生萬物，而有無形之象生出有形之物的意思。」（《道家文化研究》第十二輯，〈帛書《繫辭》的年代與道論〉）

四十二章。

道生一，一生二，二生三，三生萬物①。
萬物負陰而抱陽②，沖氣以為和③。
人之所惡，唯孤、寡、不穀，而王公以為稱。故物或損之而益，
或益之而損。人之所教，我亦教之。强梁者不得其死，
吾將以為教父。

導讀

本章分為兩個部分，第一部分「道生一」等句，是老子宇宙生成論、演化論的重要篇章。

第二部分「人之所惡」數句，在於提醒人們不要驕矜恃氣，應謙虛自守。從文義上看，似為第三十九章錯移至本章。

譯文

道是獨立無偶的，渾沌未分的統一體產生天地，天地產生陰陽兩氣，陰陽兩氣相交而形成各種新生體。萬物背陰而向陽，陰陽兩氣互相激盪而形成新的和諧體。

人所厭惡的就是「孤」、「寡」、「不穀」，但是王公卻用來稱呼自己。所以一切事物，減損它有時反而得到增加，增加它有時反而受到減損。別人教導我的，我也用來教導人。強暴的人不得好死，我把它當作施教的張本。

注釋

①道生一，一生二，二生三，三生萬物：這是老子著名的萬物生成的講法，描述道生成萬物的過程。這一過程由簡至繁，因此他用一、二、三的數字來代指。

②負陰而抱陽：背陰而向陽。

③沖氣以為和：陰陽兩氣互相交沖而成均調和諧狀態。沖，交沖，激蕩。沖氣，指陰陽兩氣相激蕩。和，有兩種講法：一、指陰陽合和的均調狀態；二、在陰陽二氣之外，還有另一種氣，叫做「和氣」。

賞析與點評

本章老子用「一」來形容道向下落實的未分狀態。渾淪不分的道，實已稟賦陰陽二氣，《易傳》所謂「一陰一陽之謂道」。由此，「二」便是指道所稟賦的陰陽二氣，而這陰陽二氣便是構成萬物最基本的原質。道再向下落漸趨於分化，陰陽二氣的活動也漸趨於頻繁。「三」指的則是陰陽二氣互相激蕩而形成的均調狀態，每個新的和諧體都是在這種狀態中產生的。

事實上，老子在本章已經隱含性地創立了氣化宇宙論的思想，這一思想經過莊子，比如《莊子．至樂》的「雜乎芒芴之間，變而有氣，氣變而有形，形變而有生」，比如《莊子．知北遊》的「人之生，氣之聚也。聚則為生，散則為死。……通天下一氣耳」，逐漸形成中國哲學的「氣化論」傳統。從漢到唐，氣化宇宙論成為儒道兩家共同的形上學基礎。

此外，值得注意的是，老子在本章又將「陰」、「陽」上升為哲學範疇，正如朱伯崑先生所說：「到了戰國時期，道家的創始人老子，發展了春秋時代的陰陽說，以陰陽為哲學範疇，解釋天地萬物的性質。……認為二氣相交則生萬物，所以萬物都具有陰陽兩個方面的性質。《老子》的陰陽說在戰國時代起了很大影響。道家老莊學派和黃老學派都以陰陽範疇說明萬物的性質及其變化的過程。」（《易學哲學史》第一卷）

四十三章。

天下之至柔，馳騁①天下之至堅。無有入無間②。
吾是以知無為之有益。
不言之教，無為之益，天下希及之。

導讀

本章強調「柔弱」的作用與「無為」的效果。水是最柔不過的東西，卻能穿山透地。老子以水來比喻柔能勝剛的道理，「有為」的措施乃是剛強的表現，是為政者所應戒惕的。

譯文

天下最柔韌的東西，能駕御天下最堅硬的東西。無形的力量能穿透沒有間隙的東西，我因此知道無為的益處。

不言的教導，無為的好處，天下人很少能夠做得到。

注釋

①馳騁：形容馬的奔走，這裡作「駕御」講。

②無有入無間：無形的力量能穿透沒有間隙的東西。無有，指不見形相的東西，即道。無間：沒有間隙。

賞析與點評

和第六章的「綿綿若存，用之不勤」、第四十章的「弱者道之用」一樣，本章也特別強調柔弱的作用力。徐復觀先生便曾指出：正是因為「作用之柔弱而創生不疲勞，便可以永恆的創造下去。柔弱之至，即是無為。柔弱之至，使萬物不感到是被創造的，而是自生自長的」，柔弱可以說是對無為的更形象的表達。「在老子的以柔弱為主的人生態度的後面，實有一種剛大自主的人格的存在。」（《中國人性論史．先秦篇》）

四十四章。

名與身孰親？身與貨孰多①？得與亡②孰病？
甚愛必大費③，多藏必厚亡④。
故⑤知足不辱，知止不殆，可以長久。

導讀

本章重點在於討論生命和名利哪個重要。常人多輕身而徇名利，貪得而不顧危亡。老子意在喚醒世人要珍重生命，不可為名利而奮不顧身。

譯文

聲名與生命比起來哪一樣親切？生命和貨利比起來哪一樣貴重？得到名利和喪失生命哪一樣為害？

過分地愛名就必定要付出重大的耗費，過多地藏貨就必定會招致慘重的損失。

所以知道滿足就不會遭受屈辱，知道適可而止就不會帶來危險，這樣才可以保持長久。

注釋

①多：重的意思。

②得：指得名利。亡：指亡失生命。

③甚愛必大費：過於愛名就必定要付出很大的耗費。通行本此句前有「是故」二字，據帛書甲本刪去。

④多藏必厚亡：豐厚的藏貨必定會招致慘重的損失。

⑤故：通行本無此字，據帛書甲本增補。

賞析與點評

老子強調對於名利的追逐要能「知足」、「知止」，明白這兩個道理才是長久平安的法寶。在人生修養的議題上，這裡談到的「甚愛必大費，多藏必厚亡」，是很有道理的話，同樣適用於今天。放眼望去，隨處可見人們在求奪爭攘的圈子裡翻來滾去，其間的得失存亡，其實是很明顯的。

四十五章。

大成①若缺，其用不弊。
大盈若沖②，其用不窮。
大直若屈，大巧若拙，大辯若訥。
躁勝寒，靜勝熱。清靜為天下正。

導讀

本章是對「大成」、「大盈」的人格形態的描述；「若缺」、「若沖」、「若屈」、「若拙」、「若訥」，都說明完美的人格不在外形上表露，而是內在生命的含藏內斂。「躁勝寒，靜勝熱。清靜為天下正。」說明對反的事物可以相互制衡，最終歸於清靜無為的最高原則。

譯文

最完滿的東西好像有欠缺一樣，但是它的作用是不會衰竭的。最充盈的東西好像是空虛一樣，但是它的作用是不會窮盡的。最正直的東西好像是彎曲一樣，最靈巧的東西好像是笨拙一樣，最卓越的辯才好像是口訥一樣。

疾動可以禦寒，安靜可以耐熱。清靜無為可以做人民的模範。

注釋

①大成：最完滿的東西。

②沖：虛。

賞析與點評

「清靜為天下正」，這句口耳相傳的名言，正出自《老子》第四十五章。本章一連串的格言，如「大成若缺」、「大盈若沖」、「大直若屈」、「大巧若拙」、「大辯若訥」，正是老子兩兩對反又相輔相成的辯證思維的體現，以此說明君主若能遵守大道清靜無為的行事原則，則可以成為社會大眾的典範。

四十六章。

天下有道，卻①走馬以糞②；天下無道，戎馬③生於郊④。咎⑤莫大於欲得，禍莫大於不知足⑥。故知足之足，常足矣。

導讀

戰爭的起因，大半是由於侵略者的野心勃勃，貪得而不知足、不知止，結果侵人國土，傷人性命，帶來無窮的災難。老子指陳主政階層多欲生事的危害，告誡為政者要清靜無為，收斂侵佔的意欲。

譯文

國家政治上軌道，把運載的戰馬還給農夫用來耕種。國家政治不上軌道，便大興戎馬於郊野而發動征戰。

禍患沒有大過不知足的，罪過沒有大過貪得無厭的。所以懂得滿足的這種滿足，將是永遠的滿足。

注釋

①卻（ㄑㄩㄝˋ）：屏去，退回。

②糞：耕種。

③戎馬：戰馬。

④生於郊：字面上是指母馬生駒犢於戰地的郊野，生，有大興戎馬於郊野的意思，因而引申為興兵征戰。與前句「卻走馬」正相對照。

⑤咎：罪過。

⑥咎莫大於欲得，禍莫大於不知足：通行本作「禍莫大於不知足，咎莫大於欲得」，據楚簡本上下句互移。

賞析與點評

本章和第三十章、第三十一章都是明確地反戰的篇章，沉痛揞擊當時兵馬倥傯，互相殺伐的武力侵略情景，及其給百姓帶來的災難。本章老子以敏銳的眼光觀察到馬匹的用途和天下有道無道的關係，天下有道時馬匹用來從事農業生產，天下無道時則大興戎馬征戰。老子不以君王權力的擴張為重，而是以百姓生活是否安定為念，具有兼濟天下的胸懷。同樣地，孔子也反對戰爭，主張尚德而不尚力，如說「驥不稱其力，稱其德也」（《論語．憲問》）。他們不僅流露出濃厚的人文情懷，更具有強烈的社會使命感和關懷心，成為後世知識份子群體效法的榜樣。

四十七章。

不出戶，知天下；不窺牖①，見天道。其出彌遠，其知彌少。
是以聖人不行而知，不見而明②，不為③而成。

導讀

老子特重向內的自省。他認為我們的心思如果一味向外奔馳將會使思慮紛雜，精神散亂。一個輕浮躁動的心靈，自然無法明澈地透視外界事物，所以老子說：「其出彌遠，其知彌少。」

老子認為世界上一切事物都依循某種規律運行著，掌握了這種規律，當可洞察事物的真情實況。為此，我們應當透過自我修養的功夫，作內觀返照，清除心靈的蔽障，以本明的智慧、虛靜的心境，去覽照外物，去瞭解事物運行的規律。

譯文

不出門外，能夠推知天下的事理；不望窗外，能夠瞭解自然的法則。越向外奔逐，對道的認識越少。

所以聖人不出行卻能感知天下，不察看卻能明曉事理，無為而能成功。

注釋

①牖（ㄧㄡˇ）：窗戶。

②明：通行本作「名」，古時「明」「名」通用，據《韓非子．喻老》改正。

③不為：即無為。

賞析與點評

不只是《老子》，《莊子》和佛學中也包含有注重人的內在精神的「不行而知，不見而明」的思想，融貫佛道的徐梵澄先生注釋此章時便曾說：「人之智性，本至靈至明，不囿於耳目之知。」（《老子臆解》）進而，他將人類的認知分作三個層次，一是「識之知」，二是「智之知」，三是「明」，說「識之知，見聞之類也；智之知，思慮之謂也。明則超乎見聞、思慮」，強調超越於見聞、思慮的靈明的重要性，同時也強調見聞、思慮的「不可廢」，強調要「內外交修」（「識與智，猶外也；靈明，內也」），拓展了老子此章的意蘊。

我們可以籠統地說，東方型的思想都有這種基本的認定。強調這一點是因為，西方思想家或心理分析學家對此持有截然不同的理解，他們認為人類心靈的最深處是焦慮不安的，愈向心靈深處挖掘，愈會發覺它是暗潮湧動、翻騰不寧的。

四十八章。

為學①日益，為道②日損。損之又損，以至於無為。無為而無不為③。取④天下常以無事⑤，及其有事⑥，不足以取天下。

導讀

本章前兩句「為學日益，為道日損」談為學與為道的差異，由「損」的原則引出「無為」的議題，並延伸至政治領域。

「為學」的物件是外在的經驗知識，經驗知識愈積愈多；「為道」則致力於探討事物的本質，尤其致力於提升人的精神境界。當今的哲學工作，既要「為學」，更要為「道」。

譯文

求學一天比一天增加（知見），求道一天比一天減少（智巧）。減少又減少，一直到「無為」的境地。

如能無為那就沒有什麼事情是做不成的了。治理國家要常清靜不擾攘，一旦政舉繁苛，就不配治理國家了。

注釋

①為學：指探求外物的知識活動。

②為道：通過冥想或體驗以領悟事物未分化狀態的「道」。

③無為而無不為：不妄為，就沒有什麼事情是做不成的。

④取：為，治，猶攝化。

⑤無事：即無擾攘之事。

⑥有事：政舉繁苛。這裡的「事」，猶如「惹事生非」的「事」。

賞析與點評

一、方東美先生說：「老子認為哲學的智慧同尋常的知識是兩回事。在知識方面一定要靠累積起來，現在的知識超越過去，將來的知識超越現在。但是從哲學的智慧看來，這許多累積的知識都只是相對的知識。……『為學日益，為道日損』。這個『損』不是破壞，而是『提煉』」。（《原始儒家道家哲學》第四章〈原始道家哲學—老子部分〉）

二、張岱年先生注意到：「主損的思想，創始於老子。老子是第一個分別損與益

的人。」（《中國哲學大綱》）

仔細說來，老子「損」、「益」的概念可以上溯至《易經》，其中的《損》、《益》兩卦講的正是《老子》第四十二章「物或損之而益，或益之而損」的道理。不同的是，《損》、《益》兩卦的經文屬於占筮之辭，到了老子才賦予它們哲學化的解釋，用以說明事物向對立面轉化的辯證關係，成為一種普遍的原則。本章老子更用這個普遍的原則區分「為學」和「為道」的實踐，並用「損」的原則更進一步地解釋「無為」，由此提出「為學日益，為道日損。損之又損，以至於無為」的名言。

四十九章。

聖人常無心①，以百姓心為心。

善者，吾善之；不善者，吾亦善之，德善。

信者，吾信之；不信者，吾亦信之，德信。

聖人在天下，歙歙焉②，為天下渾其心③。

百姓皆注其耳目④，聖人皆孩之⑤。

導讀

理想的統治者，一方面收斂自我的成見和意欲，破除自我中心去體認百姓需求；一方面以善心去對待任何人（無論善與不善），以誠心去對待一切人（無論守信與不守信），具有「無棄人」「無棄物」（第二十七章）的人道主義精神。

譯文

聖人沒有主觀成見，以百姓的心為心。

善良的人，我善待他；不善良的人，我也善待他，這樣可使人人向善。守信的人，我信任他；不守信的人，我也信任他，這樣可使人人守信。

聖人在位，收斂自己的主觀成見和意欲，使人心思化歸於渾樸，百姓都投注他們自己的耳目，聖人懷抱渾厚淳樸之心對待百姓。

注釋

①常無心：通行本作「無常心」，據帛書乙本改正。

②歙（ㄒㄧˋ）：收斂，指收斂主觀的意欲。通行本缺「焉」字，據帛書本、傅奕本增補。

③渾其心：使人心思化歸於渾樸。

④百姓皆注其耳目：百姓都專注於他們自己的耳目。指百姓競相用智，各用聰明，從而產生各種的紛爭巧奪。

⑤聖人皆孩之：聖人懷抱渾厚淳樸之心對待百姓。

賞析與點評

本章最令人關注與感懷的，就是「聖人常無心，以百姓心為心」一句。老子認為，理想的執政階層，應當以大公無私的心念去體認百姓的需求，敞開彼此隔閡的通路。這與孔子「修己以安百姓」（《論語．憲問》）的社會關懷是相通的，兩千年前的老、孔，心繫百姓、胸懷民瘼，傳遞著民本的思想。

五十章。

出生入死①。生之徒②，十有三③；死之徒④，十有三；人之生，動之於死地，亦十有三。夫何故？以其生生之厚⑤。蓋聞善攝生⑥者，陸行不遇兕⑦虎，入軍不被甲兵⑧；兕無所投其角，虎無所用其爪，兵無所容其刃。夫何故？以其無死地⑨。

導讀

本章由人的壽夭問題談到生命的養護問題，即「攝生」。老子認為，人生在世，本來可以活得長久，但是人們往往貪饜好得，傷殘身體，自己糟蹋了生命。只有極少數的人，善於護養自己的性命，能做到少私寡欲，過著清靜樸質、純任自然的生活。

譯文

人出世為生，入地為死。屬於長壽的，占十分之三；屬於短命的，占十分之三；人過分地奉養生命，妄為而走向死路的，也占了十分之三。為什麼呢？因為奉養太過度了。

聽說善於養護生命的人，在陸地上行走不會遇到犀牛和老虎，在戰爭中不會被殺傷；犀牛用不上它的角，老虎用不上它的爪，兵器用不上它的刃。為什麼呢？因為他身上沒有可以致死的地方。

注釋

①出生入死：人出世為生，入地為死。這句有兩種解釋：一、人離開生路，就走進死路；二、人始於生而終於死。
②生之徒：屬於長命的。徒：類，屬。
③十有三：十分中有三分，即十分之三。
④死之徒：屬於短命的。
⑤生生之厚：厚自奉養以求生。
⑥攝生：養生。攝：調攝，養護。
⑦兕（ㄙˋ）：犀牛。
⑧入軍不被甲兵：戰爭中不會被殺傷。
⑨無死地：沒有可以致死的地方。

賞析與點評

本章主旨是「攝生」，談論養護生命所達到的境界。莊子尤其發展了這個議題，比如〈養生主〉中文惠君聽聞庖丁解牛之言，領會養生的道理。莊子筆下的養生之主，是由內修達到精神境界的提升。方法有二：一種是〈人間世〉講的「心齋」，另一種是〈大宗師〉講的「坐忘」。

五十一章。

道生之，德畜之，物形之，勢①成之。是以萬物莫不尊道而貴德。道之尊，德之貴，夫莫之命而常自然②。故道生之，德畜之，長之育之③，亭之毒之④，養之覆之⑤。生而不有，為而不恃，長而不宰，是謂玄德⑥。

導讀

本章說明道的創生性和萬物活動的自發性——這種自發性不僅是道所蘊含的特有精神，也是老子哲學的基本精神。

萬物生長的過程是：一、萬物由道產生；二、道生萬物之後，又內在於萬物，成為萬物各自的本性——道分化於萬物即為「德」；三、萬物依據各自的本性而發展個別獨特的存在；四、周圍環境的培養，使各物生長成熟。「道德」的尊貴，在於順任各物自我化育、自我完成。

道創生萬物並不含有意識性，也不帶有目的性，所以說：「生而不有，為而不恃，長而不宰。」「生」、「為」、「長」（生育、興作、長養）說的是道的創生功能，「不有」、「不恃」、「不宰」說的是道不具佔有的意欲，在整個創生過程中，完全是自然的，各物的生長活動亦完全是自由的。

譯文

道生成萬物，德畜養萬物，萬物呈現各種形態，環境使各物成長。所以萬物沒有不尊崇道而珍貴德的。道所以受到尊崇，德所以被到珍貴，就在於它不加干涉，而順任自然。

所以道生成萬物，德畜養萬物，使萬物成長作育；使萬物安寧心性；使萬物愛養調護。生長萬物卻不據為己有，興作萬物卻不自恃己能，長養萬物卻不為主宰，這就是最深的德。

注釋

①勢：有幾種解釋：一、環境；二、力，內在的勢能；三、對立。今從環境解。

②莫之命而常自然：不加以干涉，而讓萬物順任自然。

③長之育之：使萬物成長發育。

④亭之毒之：有兩種解釋：一、安之定之；二、成之熟之。今從安之定之解，亭之毒之，就是使萬物安寧其心性，在各種環境下成就萬物。

⑤養之覆之：撫育保護萬物。

⑥玄德：最深的德。以上四句重見於第十章。

賞析與點評

一、「勢成之」帛書甲、乙本均作「器成之」。若依此，則老子在此談論的便是道器關係。如第三十二章的「道常無名樸」，第二十八章的「樸散為器」，這裡老子用「樸」來形容無可名狀的道體，用「器」來泛指世間的器物。將這兩章放在一起，可以看出其中隱含的道器之間的關係，帛書本作「器成之」，可相為證。

道器問題在《老子》書中並未顯題化，它真正成為一個顯明性的哲學議題要等到《易傳．繫辭》，其不僅繼承了《老子》的這部分思想，還在詮釋的過程中，完成了道器議題的顯題化，使之成為一對重要的哲學範疇，所謂「形而上者謂之道，形而下者謂之器」。此後，道／器、體／用、形而上／形而下等概念，逐漸成為中國古代哲學的重要術語，並且逐漸形成用抽象／具體、本質／現象等範疇劃分的思考方式。

二、老子思想是積極正面的而不是消極負面的，「生而不有，為而不恃，功成而弗居」句中，「生」、「為」、「功成」都是積極的創造，「不有」、「不恃」、「弗居」則是強調人在發揮創造力、衣養萬物時，應當收斂佔有的意志。

英國哲學家羅素概括了人類的兩種意志——創造的意志和佔有的意志，他認為，人類應當多多發揮創造的意志，收斂佔有的衝動。所以羅素很欣賞老子本章的觀點，並以此反思西方佔有、支配的價值觀，他說：「老子是這樣描述『道』的運作的：『生而不有，為而不恃，長而不宰。』我想，人們可以從這些話裡獲得人生歸宿的概念，正如愛好思索的中國人所獲得的一樣。必須承認，中國人的人生歸宿與大多數白人自己設定的人生歸宿截然不同。『佔有』、『自恃』和『支配』，白人國家和個人趨之若鶩。」（《中國問題》）

五十二章。

天下有始①，以為天下母②。既得其母，以知其子③；
既知其子，復守其母。沒身不殆。
塞其兌，閉其門④，終身不勤⑤；開其兌，濟其事⑥，終身不救。
見小曰明⑦，守柔曰强⑧。用其光，復歸其明⑨，無遺身殃⑩。
是為襲常⑪。

導讀

本章重點有三：一、要人從萬象中去追索根源，去把握法則。二、要人不可一味奔逐物欲。肆意奔逐的結果，必將離失自我。三、在認識活動中，要去除私欲與妄見的蔽障，內視本明的智慧，以明澈的智慧之光覽照外物，當可明察事理（這個觀點已出現在前面第四十七章）。本章言外之意，還暗含世人好逞聰明，不知斂藏，於是，老子懇切地喚醒世人，不可一味外溢，應知內蓄。

譯文

天下萬物都有本始，作為天下萬物的根源。得知根源，就能認識萬物；認識萬物，又持守著萬物的根源，終身都沒有危險。

塞住嗜欲的孔竅，閉起嗜欲的門徑，終身都沒有勞擾的事。打開嗜欲的孔竅，增添紛雜的事件，終身都不可救治。

能察見細微的叫做明，能持守柔弱的叫做強。運用智慧的光，返照內在的明，不給自身帶來禍殃，這叫做永續不絕的常道。

注釋

①始：本始，指道。

②母：根源，指道。

③子：指萬物。

④兌：孔竅。門：門徑。塞其兌，閉其門：塞住嗜欲的孔竅，閉起嗜欲的門徑。

⑤勤：勞。

⑥開其兌，濟其事：打開嗜欲的孔竅，增添紛雜的事件。

⑦見小曰明：能察見細微的，才是「明」。

⑧強：自強不息、健。

⑨用其光，復歸其明：「光」是向外照耀，「明」是向內透亮。

⑩無遺身殃：不給自己帶來災殃。

⑪襲常：承襲常道。

賞析與點評

一、「天下有始，以為天下母」，由開篇第一章「無，名天地之始；有，名萬物之母」，可知老子在此談論的是宇宙終始的問題。誠如張岱年先生所說：「在老子以前，似乎無人注意到宇宙始終問題；到老子乃認為宇宙有始，是一切之所本。」（《中國哲學大綱》）

二、老子思想的源頭可以上溯至母系社會，《老子》書中「母」字出現七次之多。除第五十九章「有國之母，可以長久」譬喻保國的根本之道之外，其他各章（第一、二十、二十五、五十二章）都用「母」指代萬物的根源，也就是「道」。

五十三章。

使我①介然有知②，行於大道，唯施③是畏。

大道甚夷④，而人⑤好徑⑥。朝甚除⑦，田甚蕪，倉甚虛；

服文彩，帶利劍，厭⑧飲食，財貨有餘，是為盜誇⑨。非道也哉！

導讀

老子在本章痛言當時政風敗壞的惡果。為政者挾持權力搜刮、榨取百姓，過著奢侈糜爛的生活，下層民眾因此陷入饑餓的邊緣。為此，老子痛斥當時的那些當權者是「盜誇」。

譯文

假使我稍微有些認識，在大道上行走，就怕走入了邪路。

大道很平坦，但是人們卻喜歡走斜徑。朝廷很腐敗，弄得農田荒蕪，糧倉空虛；但是人君卻還穿著錦繡的衣服，佩帶鋒利的寶劍，飽足精美的飲食，搜刮足餘的財貨；這就叫做大盜。多麼的無道啊！

注釋

① 我：有道的治者。

② 介然有知：微有所知，稍有知識。

③施（一ˊ）：邪、斜行。
④夷：平坦。
⑤人：指人君。
⑥徑：邪徑。
⑦除：廢弛、頹敗。
⑧厭：飽足。
⑨盜誇：大盜。

賞析與點評

老子把大道和邪徑對舉，邪徑的具體表現是「服文彩，帶利劍，厭飲食，財貨有餘」，帶來的後果是「朝甚除，田甚蕪，倉甚虛」。王中江教授解讀此章時說得很好，「社會是一個共同體，人人都有生存權。高下貴賤若兩極，貧富差別太懸殊，生活有天壤之別，則國家不可長治久安。」（《老子》解讀）

五十四章。

善建者不拔，善抱①者不脫，子孫以祭祀不輟②。

修之於身，其德乃眞；修之於家，其德乃餘；修之於鄉，其德乃長③；修之於邦④，其德乃豐；修之於天下，其德乃普。

故以身觀身，以家觀家，以鄉觀鄉，以邦觀邦，以天下觀天下。

吾何以知天下然哉？以此。

導讀

本章圍繞「建德抱道」的功用展開，從祭祀活動談到治身、治國之道。

一、由「建德抱道」確保祭祀活動的存續：祭祀活動源於祖先崇拜，這是中國文化的一個重要特徵。從殷代開始就有祭祀天地與先祖的習俗，尊天敬祖更成為中國社會普遍而基礎的信仰。這種人文情懷被老子和孔子繼承下來，他們之間有相通處也有相異處：老、孔皆由慎終追遠的祭祀活動，推衍出孝慈的觀念；但老子由氏族血緣的追溯，更進一步地探問世界的終極根源問題。老子以「建德抱道」作為「子孫以祭祀不輟」的基礎，表明人類文明相續不斷的關鍵，就在於效法道生德畜的自然常則。

二、用「建德抱道」貫穿治身與治國之道：老子將形上之道，透過修德的功夫，層層落實到人事的處置之中，發展出「以身觀身，以家觀家，以鄉觀鄉，以邦觀邦，以天下觀天下」的人間關懷。老子的「德」並不局限在修身的層面，透過「德」在身、家、鄉、邦、天下的層層展開，老子將個人和國家社會聯繫在一起，展現了「建德抱道」的宏大格局。

譯文

善於建樹的不可拔除，善於抱持的不會脫離，如果子孫能遵行這個道理，則世世代代的祭祀不會斷絕。

拿這個道理貫徹到個人，他的德會是真實的；貫徹到一家，他的德可以有餘；貫徹到一鄉，他的德能受尊崇；貫徹到一國，他的德就會豐盛；貫徹到天下，他的德就會普遍。

所以要從（我）個人觀照（其他的）個人，從（我）家觀照（其他人的）家，從（我的）鄉觀照（其他的）鄉，從（我的）國觀照（其他的）國，從（我的）天下觀照（其他的）天下。我怎麼知道天下的情況呢？就是用這種道理。

注釋

①抱：牢固的意思。

②輟（ㄔㄨㄛˋ）：停止，絕滅。

③長：盛大。

④邦：通行本作「國」，避漢高祖劉邦之諱，現據楚簡本、帛書甲本改正，下同。

賞析與點評

老子哲學中「修身」猶如鞏固根基，是確立自我和待人、處世的基點，是「德」的原則的向內落實，在此基礎上，便是向外運用於家、鄉、邦、天下的治理。先秦時期，與《老子》此章結構類似，同樣談到身、家、鄉、邦、天下的，一是《管子．牧民》，二是《禮記．大學》。《管子．牧民》的「以家為鄉，鄉不可為也；以鄉為國，國不可為也；以國為天下，天下不可為也。以家為家，以鄉為鄉，以國為國，以天下為天下。」可以說，是對《老子》此章「以身觀身，以家觀家，以鄉觀鄉，以邦觀邦，以天下觀天下」的進一步闡釋。《禮記．大學》的「古之欲明明德於天下者，先治其國；欲治其國者，先齊其家；欲齊其家者，先修其身」，「身修而後家齊，家齊而後國治，國治而後天下平」則與這兩者有所不同。由修身到齊家之後，便由齊家急速推廣到治國，「家」與「國」之間缺少「鄉」的環節。重要的是，「家」與「國」不僅性質、領域不同，所處理的事務也不盡相同，能齊家者未必能治國。這一點不可不察。

五十五章。

含德之厚，比於赤子。蜂蠆[1]虺[2]蛇不螫[3]，攫鳥[4]猛獸不摶。
骨弱筋柔而握固，未知牝牡之合而朘作[5]，精之至也。
終日號而不嗄[6]，和之至也。
知和曰常，知常曰明。益生[7]曰祥[8]，心使氣曰强[9]。
物壯[10]則老，謂之不道。不道早已。

導讀

本章老子將修養深厚的人比喻為「赤子」，他們如嬰兒般純真柔和。「精之至」形容聖人精神充實飽滿的狀態，「和之至」形容他們心靈凝聚和諧的狀態。

譯文

含德深厚的人，比得上初生的嬰兒。蜂蠆毒蛇不咬傷他，凶鳥猛獸不搏擊他。他筋骨柔弱拳頭卻握得很牢固，他還不知道男女交合但小生殖器卻自動勃起，這是精氣充足的緣故。他整天號哭，但他的喉嚨卻不會沙啞，這是元氣淳和的緣故。

認識淳和的道理叫做「常」，認識「常」叫做「明」。貪生縱欲就會有災殃，心機主使和氣就是逞強。過分強壯就趨於衰老，這叫做不合於道，不合於道很快就會死亡。

注釋

① 蠆（ㄔㄞˋ）：蠍類。
② 虺（ㄏㄨㄟˇ）：毒蛇。

③螫（ㄕˋ）：毒蟲用尾端刺人。

④攫（ㄐㄩㄝˊ）鳥：用腳爪取物如鷹隼一類的鳥。攫和猛，都形容兇惡的物類。此句通行本作「猛獸不據，攫鳥不搏」，據楚簡本和帛書本改正。

⑤朘（ㄗㄨㄟ）：嬰孩的生殖器。朘作：嬰孩的生殖器舉起。通行本作「全」，據帛書乙本、傅奕本改正。

⑥嗄（ㄕㄚˋ）：啞。

⑦益生：縱欲貪生。

⑧祥：妖祥、不祥。

⑨強：逞強，暴。

⑩壯：強壯。

賞析與點評

本章有兩個重要的概念，一是「赤子」，一是用來形容「赤子」的「和之至」。

一、赤子：《老子》中常出現「赤子」、「嬰兒」的意象，與尼采的精神三變有相通之處。尼采《查拉圖斯特拉如是說》的精神三變，描述了人生歷程的三個階段：由駱駝轉化為獅子，再由獅子轉化為嬰兒。尼采的「嬰兒」喻示著價值的轉換與重估，是新價值的開端；《老子》第二十八章的「復歸於嬰兒」，也要人保持再始更新的生命動力。老子和尼采都以充滿生命活力與創發動能的「嬰兒」、「赤子」，象徵人類生命的理想狀態，一中一西，一古一今，遙相呼應。

二、和之至：「和」在《老子》中出現八次，老子的和諧觀隱含著三層意涵，即莊子所說的「天和」、「人和」、「心和」。

「人和」談的是人與人之間的和諧，如「六親不和」（第十八章）是對人倫關係的對立的反省，「和大怨」（第七十九章）、「和光同塵」（第四、五十六章）說明了消解對立、達致「玄同」的可貴。道家的「人和」與儒家禮樂文化對社會和諧的關注，有相通之處。

「天和」更進一步從宇宙生成的角度探討和諧的問題。如「萬物負陰而抱陽，沖氣以為和」（第四十二章），陰陽相互對立又相反相成，交相激蕩後形成了一個新生的和諧體。可以說，「人和」的基礎就在於「天和」，人間社會的和諧是由天地宇宙的和諧推衍而來的。

「天和」落入人心，就有了個體的「心和」。老子由「赤子」的「和之至」，說明個體生命的最佳狀態，就體現在主體心靈的和諧平衡之中。

英國哲學家羅素在《變動世界的新希望》（*New Hopes for a Changing World*）一書中，曾經提到人類有三種衝突：人與自然的衝突、人與人的衝突，以及人內心的衝突。羅素看見種種衝突帶來的戰爭與傷害，也期求不同民族文化之間的和諧。老子的「三和」，同樣重視關係中的衝突與和諧問題。莊子接著老子的和諧觀進一步從「三和」談到「三樂」——「天樂」、「人樂」與「心樂」。道家認為，唯有通彼我之懷的和諧關係，才能達致彼我俱暢的和樂之境。

五十六章。

知者①不言②，言者不知。塞其兌，閉其門③，挫其銳，解其紛，和其光，同其塵④，是謂「玄同」⑤。故不可得而親，不可得而疏；不可得而利，不可得而害；不可得而貴，不可得而賤⑥。故為天下貴。

導讀

本章老子談心目中的理想人格形態，即由「挫銳」、「解紛」、「和光」、「同塵」，進而到達「玄同」的最高境界。「玄同」的境界是消除自我的固蔽，消除一切的封閉隔閡，超越世俗褊狹的人倫關係的局限，以開豁的心胸和無偏無倚的心境去對待一切人、事、物。

譯文

有智慧的人是不多言說的，多話的就不是智者。

塞住人們嗜欲的孔竅，閉起嗜欲的門徑，不露鋒芒，消解紛擾，含斂光芒，混同塵世，這就是玄妙齊同的境界。這樣就不分親疏利害貴賤。所以為天下所尊貴。

注釋

①知者：智者。

②言：指聲教政令。

③塞其兌，閉其門：重見於第五十二章，有學者主張此處為錯簡重出。

④「挫其銳」四句重見於第四章。

⑤玄同：玄妙齊同的境界，即道的境界。

⑥不可得而親，不可得而疏；不可得而利，不可得而害；不可得而貴，不可得而賤：指「玄同」的境界超出了親疏利害貴賤的區別。

賞析與點評

「玄同」指玄妙混同於道的境界，超越世俗一切對立價值的大同境界。老子「玄同」的概念可以上溯至《易經．同人》，這一卦的寓意便是聚眾合力、和睦相處，齊心協力開拓出一片天地。

「挫其銳，解其紛，和其光，同其塵」一句，則可以結合《莊子》進行理解。《莊子．天下》篇稱老子思想「常寬於物，不削於人」，「挫銳」、「解紛」是「不削於人」，「同塵」是「常寬於物」，而「和光」以達「玄同」之境，正是以開放包容的心態，達到人與人的和諧共處。

五十七章。

以正①治國，以奇②用兵，以無事取天下③。吾何以知其然哉？以此④：天下多忌諱，而民彌貧；人多利器⑤，國家滋昏；人多伎巧⑥，奇物⑦滋起；法令滋彰，盜賊多有。故聖人云：「我無為，而民自化⑧；我好靜，而民自正；我無事，而民自富；我無欲，而民自樸。」

導讀

本章和第三十七章相應，老子在此更具體地勾畫了那個時代的場景：「天下多忌諱，而民彌貧；……法令滋彰，盜賊多有。」人民生活疾苦，社會處在混亂和動盪中。可見，老子提倡「無為」並非無的放矢。為此，在本章的結尾處，老子將理想的「無為政治」的圖景具體歸結為：「我無為，而民自化；我好靜，而民自正；我無事，而民自富；我無欲，而民自樸。」

譯文

以清靜之道治國，以詭奇的方法用兵，以不攪擾人民來治理天下。我怎麼知道是這樣的？從下面這些事端上可以看出：

天下的禁忌越多，人民越陷於貧困；人們的利器越多，國家越陷於昏亂；人們的技巧越多，邪惡的事情就連連發生；法令越森嚴，盜賊反而不斷增加。

所以有道的人說：「我無為，人民就自我化育；我好靜，人民就自然上軌道；我不攪擾，人民就自然富足；我沒有貪欲，人民就自然樸實。」

注釋

①正：清靜之道。

②奇：奇巧，詭秘，臨機應變。

③取天下：治理天下。

④以此：簡本和帛書本無此句。

⑤利器：銳利武器，比喻權謀。

⑥伎巧：技巧，即智巧。

⑦奇物：邪事。

⑧自化：自我化育。

賞析與點評

老子的治國理念是「無為而治」，以順任人性自然的態度來處理政務，以潛移默化的方式來教導民眾。孔子也曾提到過老子「無為而治」的理念，《論語．衛靈公》載有「子曰：無為而治者，其舜也與！夫何為哉？恭己正南面而已矣。」一條，孔子認為，舜雖握有統領天下的權力，卻能不被權力左右而迷失自己，心心念念的都是天下人的福祉，秉持恭謹的態度治國，以道德教化取代武力侵擾，這便是「無為而治」。

五十八章。

其政悶悶①，其民淳淳②；其政察察③，其民缺缺④。

禍兮，福之所倚；福兮，禍之所伏。孰知其極？其無正⑤。

正復為奇，善復為妖⑥。人之迷，其日固久⑦。

是以聖人方而不割⑧，廉而不劌⑨，直而不肆⑩，光而不燿⑪。

導讀

本章講有道之人如何為政。「其政悶悶」指清靜「無為」之政，「其政察察」指繁苛「有為」之政。老子崇尚「無為」之政，認為寬宏（「悶悶」）的政風，當可使社會風氣敦厚，人民生活樸實，這樣的社群才能走向安寧平和。老子所期望的是人民能享受幸福寧靜的生活，能過上安然自在的日子。老子的政治理想同樣包含積極拯救世亂的一面，這一點從老子勾畫的理想人格形態中也可以看出：「聖人方而不割，廉而不劌，直而不肆，光而不耀。」「方」、「廉」、「直」、「光」描述的正是人格的積極面向，「不割」、「不劌」、「不肆」、「不耀」乃是形容無逼迫感。這是說有道的人為政，有積極的理想，而其所作所為又不給人民帶來逼迫感。

譯文

政治寬厚，人民就淳樸；政治嚴苛，人民就狡猾。災禍啊，幸福就倚傍在它裡面；幸福啊，災禍藏伏在它之中。誰知道它們的究竟？它們並沒有一個定準。正忽而轉變為邪，善忽而轉變為惡。人們的迷惑，已經有長久的時日了。

因而有道的人的方正而不割人，銳利而不傷人，直率而不放肆，光亮而不刺耀。

注釋

①悶悶：昏昏昧昧，寬厚的意思。類似於第二十章「俗人察察，我獨悶悶」的「悶悶」，形容淳樸樣子。

②淳淳：淳厚的意思。

③察察：嚴苛。

④缺缺：狡猾。

⑤其無正：它們並沒有定準。指禍福變換無端。

⑥正復為奇，善復為妖：正再轉變為邪，善再轉變為惡。

⑦人之迷，其日固久：人們的迷惑，已經有長久的時日。

⑧方而不割：方正而不割傷人。

⑨廉：利。劌（ㄍㄨㄟˋ）：傷。廉而不劌：銳利而不傷害人。

⑩直而不肆：直率而不放肆。

⑪光而不耀：光亮而不刺耀。

賞析與點評

「禍兮，福之所倚；福兮，禍之所伏」，這句名言揭示了禍福相倚的人生哲理，是老子正反相互轉化的辯證思維的展現。福中常潛伏著禍的根子，禍中也常暗藏著福的因子，禍福相依相生。在日常生活中，我們經常可以看到一個人處在禍患的境遇中，反倒激發了他奮發的心志，使他邁向更廣大的天地；而生活一帆風順的人，卻養成了怠惰的習性，最終走向頹敗。老子將我們的視野拉大，超拔於現實環境的局限，使我們不為眼前的困境所構陷，也不為當下的心境所執迷，而是看向事態發展變化的可能性，作出全面的瞭解和判斷。

五十九章。

治人事天①，莫若嗇②。夫唯嗇，是謂早服③；早服，謂之重積德④；重積德，則無不克；無不克，則莫知其極⑤；莫知其極，可以有國；有國之母⑥，可以長久。是謂深根固柢、長生久視之道⑦。

導讀

本章老子提出「嗇」這個概念。「嗇」並非是指財物上的「吝嗇」，而是強調精神層面的愛惜保養，即培蓄能量，厚藏根基，不斷充實生命力，所謂「深根固柢、長生久視之道」。道家的「養生」著重在存心、養性上——保存靈明的本心、蓄養天賦的本性。

譯文

治理國家、養護身心，沒有比愛惜精力更重要的。愛惜精力，乃是早作準備；早作準備就是不斷地積德；不斷地積德就沒有什麼不能勝任的；沒有什麼不能勝任，就無法估計他的力量；無法估計他的力量，就可以擔負保護國家的責任；掌握治理國家的道理，就可以長久維持；這就是根深柢固、長生久視的道理。

注釋

①事天：保養天賦。

②嗇（ㄙㄜˋ）：愛惜，保養。

③早服：早作準備。郭店楚簡本「早服」正作「早備」。

④重積德：不斷積蓄德，意即不斷地充實生命力。重：多，厚，不斷增加的意思。德：指嗇德。

⑤極：極點，盡頭。

⑥有國：保國的意思。母：譬喻保國的根本之道。

⑦長生久視：長久維持，長久存在。久視：久立的意思。

賞析與點評

本章重點在於講「嗇」。關於這個概念，漢代河上公的解讀和魏晉王弼的解讀有很大的不同。王弼傾向於突出「嗇」與古代以農業立國的關聯，所以以「農夫治田」來解讀；而河上公則將其解釋為「蓄養精氣」，說「治國者當愛惜民財」、「治身者當愛惜精氣」，突出不斷累積生命力、原動力的含義。相比之下，河上公的解讀影響更為深遠，魏晉以後的道教尤其注重從這個角度闡發本章「深根固柢、長生久視之道」的道理，蓄養精氣進而成為心性修養的核心議題。

六十章。

治大國，若烹小鮮①。以道蒞②天下，其鬼不神③。非其鬼不神，其神不傷人；非其神不傷人，聖人亦不傷人。夫兩不相傷④，故德交歸⑤焉。

導讀

本章老子以「治大國，若烹小鮮」再次申明「無為之治」的重要性，說明大國為政之要在於清靜無為，若能清靜無為，則人人各遂其生而相安無事。可見，老子的政治理想不只是小國寡民，他也同樣關心大國的治理之道，談論大國的治理之道。「治大國，若烹小鮮」一句，在中國的政治思想上產生了重大的影響。

譯文

治理大國，好像煎小魚。

用道治理天下，鬼怪起不了作用；不但鬼怪起不了作用，神祇也不侵越人；不但神祇不侵越人，聖人也不侵越人。鬼神和有道者都不侵越人，所以德歸會於民。

注釋

① 小鮮：小魚。

② 蒞：臨。

③其鬼不神：鬼不起作用。古人常用陰陽和順來說明國泰民安，古人以陰氣過盛稱「鬼」。

④兩不相傷：指鬼神和聖人不侵越人。

⑤交：俱、共。交歸：會歸。

賞析與點評

首先，《老子》書中的鬼神，不是宗教的鬼神之說。本章即排除了一般人所謂鬼神作用的概念，致力於說明禍患全在人為。人為得當，禍患則無由降生。其次，《老子》書中的鬼神，更有著哲學的意涵。誠如顧文炳先生所說，「『神』在老子學說中是一種自然界的造化功能，老子把鬼神觀念消融在『神德交歸』的觀念中，……強調聖人之德可以與自然物件互相溝通，達到和諧協調。」（《易道新論》）

六十一章。

大邦①者下流，天下之交，天下之牝。牝常以靜勝牡，以靜為下。
故大邦以下小邦，則取小邦；小邦以下大邦，則取大邦。故或
下以取，或下②而取③。大邦不過欲兼畜人④，小邦不過欲入事
人，夫兩者各得其所欲。大者宜為下。

導讀

人類能否和平相處，有賴於大國的態度。「大邦者下流」、「大者宜為下」，本章開頭和結尾一再強調大國要謙下包容，不可自恃強大而凌越弱小。「謙下」之外，老子還說到雌靜，雌靜是針對躁動提出的，躁動為貪欲所驅使而容易產生侵略的行為。「謙下」又有「不爭」的含義，要涵養內藏，不顯露鋒芒。所以「謙下」一方面要人收斂一己的佔有衝動，另一方面也要人凝練內在生命的深度。

譯文

大國是天下交匯的地方，要像居於江河的下流，處在天下雌柔的位置。雌柔常以靜定勝過雄強，因為靜定而又能處下的緣故。

所以大國對小國謙下，可以會聚小國；小國對大國謙下，可以見容於大國。所以有時（大國）謙下以會聚（小國），有時（小國）謙下而見容（於大國）。大國不過是想要聚養小國，小國不過是想要求容於大國。這樣大國小國都可以達到願望。大國尤其應該謙下。

注釋

①邦：通行本作「國」，據帛書甲本改正。

②下：謙下。

③取：通「聚」，會聚。

④兼：聚起來。畜：飼養。兼畜人：把人聚在一起加以養護。

賞析與點評

老子有感於當時各國諸侯以力相尚，妄動干戈，因而呼籲國與國之間應當謙虛並容。特別是大國，要謙讓無爭，才能贏得小國的信服。解決國際之間的紛爭，最佳方案莫過於平等相待、謙下相容。老子當時提出這一國際關係策略，對於今天世界範圍內的單邊主義軍事霸權來說，仍然具有深刻的警示意義。

六十二章。

道者，萬物之奧①。善人之寶，不善人之所保②。

美言可以市③，尊行可以加人④。人之不善，何棄之有？

故立天子，置三公⑤，雖有拱璧以先駟馬⑥，不如坐進此道⑦。

古之所以貴此道者何？不曰：求以得⑧，有罪以免邪？

故為天下貴。

導讀

本章主旨是闡揚道的重要性。天子三公擁有拱璧駟馬，仍不如守道為要。

譯文

道是萬物的庇蔭。善人的珍寶，不善的人賴以保全。

嘉美的言詞可以用作社交，可貴的行為見重於人。不善的人，有什麼理由捨棄它？所以立位天子，設置三公，雖然依照拱璧在先，駟馬在後的禮儀進奉，不如用道來作為獻禮。

古時候重視道的原因是什麼呢？豈不是說有求的可以得到，有罪的可以免除嗎？所以被天下人重視。

注釋

①奧：藏，庇蔭的意思。

②保：保全。

③市：交易的行為。

④加：施。加人：對人施以影響。

⑤三公：太師、太傅、太保。

⑥雖有拱璧以先駟馬：拱璧在先，駟馬在後，這是古時獻奉的的禮儀。

⑦不如坐進此道：不如用道來進獻。

⑧求以得：有求就得到。通行本作「以求得」，據帛書本改正。

賞析與點評

本章「善人之寶，不善人之所保」，與第二十七章「聖人常善救人，故無棄人」、第四十九章「不善者亦善之」的思路是一貫的，都是在讚揚「道」的普施性。

六十三章。

爲無爲，事無事，味無味①。

大小多少②。報怨以德③。圖難於其易，爲大於其細。

天下難事，必作於易；天下大事，必作於細。

是以聖人終不爲大④，故能成其大。

夫輕諾必寡信，多易必多難。是以聖人猶難之，故終無難矣。

導讀

本章再次申明「無為」之理。「為無為」——立身處事應當依照客觀情狀而為，不宜主觀強制地妄為，這是老子一再提示的治世宗旨。

譯文

以無為的態度去作為，以不攪擾的方式去做事，把恬淡無味當作味。大生於小，多起於少。以德報怨。處理困難要從容易的入手，實現遠大要從細微的入手；天下的難事，必定從容易的做起；天下的大事，必定從細微的做起。所以有道的人始終不自以為大，因而能成就大的事情。

輕易允諾的一定會失信，把事情看得太容易一定會遭遇更多的困難。所以即便是聖人都把事情看得艱難（給予其充分的重視），因而終究不會有困難。

注釋

①味無味：把無味當作味。

②大小多少：大生於小，多起於少。

③報怨以德：即「以德報怨」之倒句，孔子曾針對老子這話提出「以直報怨」「以德報德」（《論語．憲問》）之說。

④不為大：不自以為大。

賞析與點評

有關大小、難易的問題，道家有許多精闢的慧見。

一、大小：老子說「道大」，又說「見小曰明」，大小宜兼顧，莊子也說：「自細視大者不盡，自大視細者不明。」老子申言「域中有四大」：「道大，天大，地大，人亦大。」在開闢人的思想視野、提升人的精神空間的同時，又提示人要知幾「微明」，大道及事理，往往「隱」、「晦」而「希聲」，需知微者才能體味，見小者才能洞察。

二、難易：難易的問題和處事者的態度關係密切。老子提醒人們處理艱難的事情，須先從細易處著手。面對細易的事情，卻不可輕心。「難之」是一種慎重的態度，謹密周思，細心而為。本章格言，無論對於行事還是求學，都是不移的至理。

六十四章。

其安易持①，其未兆易謀；其脆易泮②，其微易散。

為之於未有，治之於未亂。

合抱之木，生於毫末③；九層之台，起於累土④；

千里之行，始於足下。

為者敗之，執者失之。是以聖人無為，故無敗；無執，故無失。

民之從事，常於幾成而敗之。慎終如始，則無敗事。

是以聖人欲不欲，不貴難得之貨；學不學，復眾人之所過，以輔萬物之自然而不敢為。

導讀

本章上段意義完整且連貫。其大意為：一、注意禍患的根源。在禍患發生之前，先作預防。二、凡事從小成大，由近至遠；積厚之功，十分重要。

本章下段重申「無為」的處事智慧，指出慎終如始和不妄為的重要性，以及聖人順應自然的無為治世之道。

譯文

局面安穩時容易持守，事變沒有跡象時容易圖謀。事物脆弱時容易破開；事物微細時容易散失。要在事情沒有發生以前就早作準備，要在禍亂沒有產生以前就處理妥當。合抱的大樹，是從細小的萌芽生長起來的；九層的高臺，是從一筐筐泥土建築起來的；千里的遠行，是從腳下舉步走出來的。

強作妄為就會敗事，執意把持就會失去。所以聖人不妄為，因此不會敗事，不把持就不會喪失。

一般人做事，常在快要成功時遭致失敗。審慎面對事情的終結，一如開始時那樣慎重，就不會失敗。

所以聖人求人所不欲求的，不珍貴難得的貨品；學人所不學的，補救眾人的過錯，以輔助萬物的自然變化而不加以干預。

注釋

① 其安易持：安穩時容易持守。
② 泮（ㄆㄢˋ）：破，裂。
③ 毫末：細小的萌芽。
④ 累土：累，土籠，土籠是盛土的用具，累土就是一筐土。

賞析與點評

本章「合抱之木，生於毫末；九層之台，起於累土；千里之行，始於足下」的名言，形象地說明了積厚之功的重要性。遠大的事情，必須要有耐心和毅力，要一點一滴地去完成；心意稍有鬆懶，便會功虧一簣。

《莊子》首篇〈逍遙遊〉的鯤鵬寓言，談的正也是積厚之功。鯤在海底深蓄厚養，「水之積也不厚，則其負大舟也無力；風之積也不厚，則其負大翼也無力」，最終實現由鯤到鵬的生命形態的轉化。〈則陽〉篇又有「丘山積卑而為高，江河合水而為大，大人合併而為公」的講法。此外，《荀子．儒效》篇也提到：「故積土而為山，積水而為海，……塗之人百姓，積善而全盡謂之聖人。……故聖人也者，人之所積也。」在積厚之功的問題上，儒、道有相通的見解。

六十五章。

古之善為道者，非以明①民，將以愚②之。民之難治，以其智多③。故以智治國，國之賊；不以智治國，國之福。知此兩者，亦稽式④。常知稽式，是謂玄德。玄德深矣，遠矣，與物反⑤矣，然後乃至大順⑥。

導讀

本章強調為政在於真樸。老子認為政治的好壞，常繫於統治者的處心和做法。統治者若是真誠樸質，便能導出良好的政風，有良好的政風，社會才會趨於安寧；統治者如果機巧黠滑，就會敗壞政風。基於這種觀點，老子期望統治者導民以真樸。

老子生當亂世，有感於世亂的根源莫過於人們攻心鬥智，競相偽飾，因此呼籲人們揚棄世俗的價值紛爭，返歸於真樸。

譯文

從前善於行道的人，不是教人民精巧，而是使人民淳樸。

人民所以難以治理，乃是因為他們使用太多的智巧心機。所以用智巧去治理國家，是國家的災禍；不用智巧去治理國家，是國家的幸福。

認識這兩者的差別，就是治國的法則。常守住這個法則，就是玄德。玄德好深好遠啊！和萬物復歸到真樸，然後才能達到最大的和順。

注釋

①明：精巧。

②愚：淳樸，樸質。

③智多：多智巧偽詐。

④稽（ㄐㄧ）式：法式、法則。

⑤反：有兩種解釋：一作相反，意謂玄德和事物的性質相反。一作返回，意謂玄德和事物都復歸於淳樸。

⑥大順：自然。

賞析與點評

本章的立意常被後人誤解，以為老子主張愚民政策。其實，老子所說的「愚」，乃是真樸的意思。他不僅期望人民真樸，更要求統治者首先應以真樸自礪。所以第二十章又有「我愚人之心也哉」的講法，說明真樸（「愚」）是老子心中理想的統治者的人格修養境界。

《論語・為政》中孔子評價弟子顏淵時，也是從正面使用「愚」的，所謂「吾與回言終日，不違如愚。退而省其私，亦足以發。回也不愚。」顏淵之「愚」也並非愚昧，而是上智若愚。〈陽貨〉篇又有「古之愚也直」的講法，這裡的「愚」是真樸的意思。此外又如《列子・湯問》的「愚公移山」的故事，「愚公」之「愚」也不是負面的意思，而是象徵著堅忍不拔、持之以恆、努力不懈的精神。

六十六章。

江海之所以能為百谷王①者，以其善下之，故能為百谷王。是以聖人②欲上民，必以言下之；欲先民，必以身後之。是以聖人處上而民不重③，處前而民不害，是以天下樂推而不厭。以其不爭，故天下莫能與之爭。

導讀

本章與前面數章相應，有如第三十二章的「譬道之在天下，猶川谷之於江海」，本章同樣用江海作比，比喻體道之人的包容大度。而這種包容大度又是由於他善於處下居後，第六十一章所謂「大者宜為下」，這種謙下的精神更進一步地說便是一種不爭的精神，第八章的「水善利萬物而不爭」、「夫唯不爭，故無尤」，特別是第二十二章的「夫唯不爭，故天下莫能與之爭」，都凸顯了這一精神，都與本章關係密切。

譯文

江海所以能成為許多河流彙聚的地方，因為它善於處在低下的地位，所以能為許多河流所彙聚。

所以聖人要領導人民，必須心口一致地對他們謙下；要做人民的表率，必須把自己的利益放在他們的後面。由此，聖人居於上位而人民不感到負累，居於前面而人民不感到受害，所以為天下人民擁戴而不厭棄。因為他不跟人爭，所以天下沒有人能和他爭。

注釋

①百谷王：百川所歸往。

②聖人：通行本缺此二字，據帛書本和其他古本增補。

③重：累，不堪。

賞析與點評

理解老子推崇的道德原則的關鍵，是理解老子的對話者。他之所以反復強調「下」、「後」、「不爭」，是因為他的對話者是那些在上位的人。老子意識到，統治者權力在握，容易給人民一種壓迫感，一旦肆意妄作，人民便不堪其累。特別是在當時，在上位者威勢淩人，已經給人民造成負擔；爭名逐利，已經對人民構成損害。為此，老子一再呼籲統治者要秉持處後、謙下、不爭的精神。

六十七章。

天下皆謂我：「道大，似不肖。」夫唯大，故似不肖。若肖，久矣其細也夫！

我有三寶，持而保之：一曰慈，二曰儉①，三曰不敢為天下先。慈故能勇②；儉故能廣③；不敢為天下先，故能成器長④。

今舍慈且⑤勇，舍儉且廣，舍後且先，死矣！

夫慈，以戰則勝，以守則固。天將救之，以慈衛之。

導讀

本章圍繞「三寶」展開。其中，「慈」是愛心加上同情感，是人類友好相處的基本動力；「儉」意指含藏培蓄，不奢靡，也就是第五十九章的「嗇」的意思；「不敢為天下先」即是「謙讓」、「不爭」。

譯文

天下人都對我說：「道廣大，卻不像任何具體的東西。」正因為它的廣大，所以不像任何具體的東西。如果它像的話，早就渺小了！

我有三種寶貝，持守而保全著。第一種叫做慈愛，第二種叫做儉嗇，第三種叫做不敢居於天下人的前面。

慈愛所以能勇武；儉嗇所以能厚廣；不敢居於天下人的前面，所以能成為萬物的首長。

現在捨棄慈愛而求取勇武，捨棄儉嗇而求取寬廣，捨棄退讓而求取爭先，是走向死路！

慈愛，用來征戰就能勝利，用來守衛則能鞏固。天要救助誰，就用慈愛來衛護他。

注釋

①儉：與「嗇」同義，有而不盡用。

②慈故能勇：慈愛所以能勇邁，有孟子「仁者無敵」的意思。

③儉故能廣：儉嗇所以能厚廣。

④器長：萬物的首長。器：指萬物。

⑤且：取。

賞析與點評

本章最後重點講述「慈」的原則，用「慈」來統帥「儉」和「不敢為天下先」。這是因為老子身處戰事的紛亂之中，目睹國與國之間的相互傾軋、掠奪，目擊暴力的殘酷面，深深地感到人與人之間慈心的缺乏，因而極力加以闡揚。

六十八章。

善為①士②者，不武；善戰者，不怒；善勝敵者，不與③；善用人者，為之下。是謂不爭之德，是謂用人④，是謂配天，古之極也。

導讀

本章老子要人在戰鬥中「不武」(不可逞強)、「不怒」(不可暴戾)、「不與」(不用對鬥),和上一章最後談論的征戰、守衛中的「慈」的原則相銜接。

譯文

善做將帥的,不逞勇武;善於作戰的,不輕易激怒;善於戰勝敵人的,不用對鬥;善於用人的,對人謙下。這叫做不爭的品德,這叫做善於用人,這叫做合於天道,這是自古以來的最高準則。

注釋

①為:治理,管理,這裡作統帥、率領講。
②士:士卒。統帥士卒,指擔任將帥。
③不與:不用對鬥。
④用人:通行本作「用人之力」,據帛書乙本改正。

賞析與點評

本章明確地將從天道和水的特性中抽取的「不爭」的原則，表述為「不爭之德」。老子身處國與國互相傾軋、掠奪的時代，有感於爭權奪利帶給人民的苦難，因此反復談論「不爭」，宣導「不爭」、「謙下」的智慧。

六十九章。

用兵有言：「吾不敢為主①，而為客②；不敢進寸，而退尺。」
是謂行無行③，攘無臂④，扔無敵⑤，執無兵⑥。
禍莫大於輕敵，輕敵幾喪吾寶。
故抗兵相若⑦，哀⑧者勝矣。

導讀

本章與上兩章內容相應，繼續闡揚不爭之德、慈愛之理。

老子在用兵的方面主張不要主動挑起戰爭，更不要輕易出兵，強調如果兩軍不得已交戰，也要秉持慈悲心懷。

譯文

用兵的曾說：「我不敢進犯，而採取守勢；不敢前進一寸，而要後退一尺。」這就是說，雖然有陣勢，卻像沒有陣勢可擺；雖然要振臂，卻像沒有臂膀可舉；雖然面臨敵人，卻像沒有敵人可赴；雖然有兵器，卻像沒有兵器可持。

禍患沒有再比輕敵更大的了，輕敵幾乎喪失了我的三寶。

所以兩軍相當的時候，慈悲的一方可以獲得勝利。

注釋

①為主：進犯，採取攻勢。

②為客：採取守勢，指不得已而應敵。
③行：行列，陣勢。行無行：雖然有陣勢，卻像沒有陣勢可擺。
④攘臂：怒而振臂的意思。攘無臂：雖然要振臂，卻像沒有臂膀可舉。
⑤扔：因就。扔敵：就敵。扔無敵：雖然面臨敵人，卻像沒有敵人可赴。
⑥兵：兵器。執無兵：雖然有兵器，卻像沒有兵器可持。
⑦抗兵相若：兩軍相當。「若」字通行本作「加」，據帛書本改正。
⑧哀：慈的意思。

賞析與點評

《史記．秦始皇本紀》有言：「天下共苦，戰鬥不休。」這話是在總結戰國時代各國王侯干戈相向，導致民眾性命不保、饑饉連年的情狀。先秦諸子的學說，無不反映出強烈的反戰思想。如墨子宣導「兼愛」、「非攻」，孟子提出「威天下不以兵革之利」（《孟子．公孫丑下》）。老子《道德經》中更多次對戰爭的本質進行深沉的人性思考。比如第三十章所說：「以道佐人主者，不以兵強天下，其事好還。師之所處，荊棘生焉。」再如第三十一章告誡用兵是出於「不得已」，若是為了除暴救民而用兵，也應該「恬淡為上」。春秋末期，同時代的老子與孔子面對「天下無道」的境況，都提出了「天下有道」的政治理念；在「天下共苦，戰鬥不休」的現實世界中，發出了人間和諧共處的呼聲。《論語》開篇，孔子和弟子便談論「和為貴」；老聃也以寬廣的視野，反思人與人之間如何和諧共處的問題，比如第五十六章說到：人際之間經過磨合消解紛爭（「挫其銳，解其紛」）之後，要「和光同塵」，互通融合，達於物我一體的「玄同」之境。

這些章節有必要聯繫起來理解。

七十章。

吾言甚易知，甚易行。天下莫能知，莫能行。言有宗①，事有君②。夫唯無知③，是以不我知。知我者希，則④我者貴⑤。是以聖人被褐懷玉⑥。

導讀

老子提倡虛靜、柔弱、慈、儉、不爭的原則，都是本於人性自然的道理，它們在日常生活上最易實行。然而世人多惑於躁進，迷於榮利，和這個道理背道而馳。

老子企圖就人類行為作一個根源性的探索，對世間事物作一個根本性的認識，而後用簡樸的文字說出單純的道理。文字固然簡樸，道理固然單純，但內涵卻十分豐富，猶如褐衣粗布裡面懷藏著美玉一般。可惜世人只慕戀虛華的外表，所以他感歎道：「知我者希。」

譯文

我的話很容易瞭解，很容易實行。大家卻不能明白，不能實行。

言論有主旨，行事有根據。正由於不瞭解這個道理，所以不瞭解我。

瞭解我的人越少，取法我的就很難得了。因而有道的聖人穿著粗衣而內懷美玉。

注釋

①宗：主旨。

②君：根據。

③無知：有兩種解釋，一指別人的不理解，一指自己的無知。今取第一種解釋。

④則：法則。

⑤貴：難得。

⑥被：著。褐（ㄏㄜˊ）：粗布。被褐：穿著粗衣。

賞析與點評

「吾言甚易知，甚易行」，老子認為自己的言論容易瞭解也容易實行，在知行議題上強調「知行合一」，說明老子也重視實踐層面。

在本章和第二十章中，老子都以作者的身分，親自解釋自己著作的主旨和心願。比如第二十章「我獨泊兮」、「我愚人之心也哉」的「我」，以及本章「吾言甚易知，甚易行」的「吾」，它們都是指老聃本人。徐復觀先生注意到這兩種指稱，說「從第四章起到七十四章止，出現有三十五個『吾』字及『我』字；除其中七個外，其餘的當然是著者的自稱。全書既分明有著者自稱的『我』、『吾』，則其非由編纂而成，甚為明顯。」(《中國人性論史．先秦篇》)

七十一章。

知不知①，尚矣②；不知知③，病也。聖人不病，以其病病④。

夫唯病病，是以不病。⑤

導讀

本章是就求知的態度來說的。有些人只看到事物的表象，便以為洞悉了真相；或者一知半解，卻堅持將自己的不知認作知。在求知的態度上欠缺真誠，所以說犯了謬妄的「病」。有道的人之所以不被視為謬妄，乃是由於他能不斷地自覺與自省，能懇切地探尋「不知」的原因與根由，在不瞭解一件事情之前，不輕易斷言，在求知的過程中，能做到心智上的真誠。

譯文

知道自己有所不知道，最好；不知道卻自以為知道，這是缺點。有道的人沒有缺點，因為他把缺點當作缺點。正因為他把缺點當作缺點，所以他是沒有缺點的。

注釋

① 知不知：這句話可作多種解釋，常見的解釋是：一、知道卻不自以為知道；二、知道自己有所不知道。

② 尚：上，最好。「尚矣」通行本作「上」，據帛書本改正。

③ 不知知：不知道卻自以為知道。

④ 病病：把病當作病。

⑤聖人不病，以其病病。夫唯病病，是以不病：通行本作「夫唯病病，是以不病。聖人不病，以其病病，是以不病」，文句誤倒且重出，據蔣錫昌之說改正。

賞析與點評

本章主旨要在論及有關主體認知的問題。中西古代哲學家圍繞這一議題都曾有所表述，老子提出「知不知，尚矣；不知知，病也」，孔子說「知之為知之，不知為不知，是知也」，蘇格拉底說「知道自己不知道」。三位哲人的立意如此相通，要人有自知之明，誠實地檢視自己，以求自我改進。

七十二章。

民不畏威，則大威至①。

無狎②其所居，無厭③其所生。夫唯不厭，是以不厭④。

是以聖人自知不自見⑤，自愛不自貴⑥。故去彼取此。

導讀

本章是對高壓政治提出的警告。老子告誡君王，過度行使威權壓制，將人民逼到無法安居、無以安生的地步，人民就會起來反抗。相比之下，聖人的處事態度則是：不自我張揚、不自顯尊貴，保持「自知」、「自愛」的心志。

譯文

人民不畏懼統治者的威壓，則更大的禍亂就要發生了。

不要逼迫人民的居處，不要壓榨人民的生活。只有不壓榨人民，人民才不厭惡（統治者）。

因此，有道的人但求自知而不自我表揚，但求自愛而不自顯高貴。所以舍去「自見」、「自貴」而取「自知」、「自愛」。

注釋

①「民不畏威」的「威」作威壓講，而「大威」的「威」指可怕的事，作禍亂講。

②狎：通「狹」，逼迫。
③厭：通「壓」，壓榨。
④厭：厭惡。
⑤見：同「現」，表現。不自見：不自我表揚。
⑥自愛不自貴：指聖人但求自愛而不求自顯高貴。

賞析與點評

本章以對比的方式談論聖人謙善的美德，這裡指的是「自知」和「自見」的對比，「自愛」和「自貴」的對比。關於「自愛不自貴」，蔣錫昌先生說：「愛即清淨寡欲，自貴即有為多欲。」聖人能堅守無為的原則，自我約束，不懈涵養，以「自化」、「自正」、「自富」、「自樸」實現自我的價值追求並進而影響天下。（《老子校詁》）

七十三章。

勇於敢則殺，勇於不敢則活。此兩者，或利或害。天之所惡，孰知其故？是以聖人猶難之①。

天之道②，不爭而善勝，不言而善應，不召而自來，繟然③而善謀。

天網恢恢④，疏而不失⑤。

導讀

自然的規律是柔弱不爭，老子認為，人類的行為應當取法自然的規律而力戒剛強好鬥。「勇於敢」，則逞強貪競，無所忌憚；「勇於不敢」，則柔弱哀慈，慎重行事。

譯文

勇於剛強則會死，勇於柔弱則可活。這兩種勇的結果，有的得利，有的遭害。天道所厭惡的，誰知道是什麼緣故？所以即便是聖人都恭敬地對待這個道理。

自然的規律，是不爭攘而善於得勝，不說話而善於回應，不召喚而自動來到，寬緩而善於籌策。自然的範圍廣大無邊，稀疏而不會有一點漏失。

注釋

①此句重見於第六十三章。

②天之道：自然的規律。

③繟（ㄔㄢˇ）然：坦然，安然，寬緩。

④天網：自然的範圍。恢恢：廣大，寬大。

⑤失：漏失。

賞析與點評

本章開篇說「勇於敢則殺，勇於不敢則活」，這和第七十六章的「堅強者死之徒，柔弱者生之徒」意義相通。

本章進而稱頌「天道」的寬廣，自然之網宏偉無邊，稀疏卻無所漏失。如今人們常說的「法網恢恢，疏而不漏」，便源自本章「天網恢恢，疏而不失」這句名言。

七十四章。

民不畏死，奈何以死懼之？若使民常畏死，而為奇①者，

吾將得而殺之②，孰敢？

常有司殺者③殺。夫代司殺者殺，是謂代大匠斲④。

夫代大匠斲者，稀有不傷其手矣。

導讀

本章老子對當時的嚴刑峻法逼使人民走向死途的情形，提出沉痛的抗議，指出這樣恣意殺人、違反天道的暴政者終將被反噬。

譯文

人民不畏懼死亡，為什麼用死亡來恐嚇他？如果使人民真的畏懼死亡，對於為邪作惡的人，我們就可以把他抓來殺掉，誰還敢為非作歹？

經常有專管殺人的去執行殺的任務。那代替專管殺人的去執行殺的任務，這就如同代替木匠去斫木頭一樣。那代替木匠斫木頭的，很少有不砍傷自己的手的。

注釋

①奇：奇詭。為奇：指為邪作惡的行為。

②吾將得而殺之：通行本「得」下衍一「執」字，據帛書本刪去。

③司殺者：專管殺人的，指天道。

④斲（ㄓㄨㄛˊ）：砍，削。

賞析與點評

人的生死本是順應自然的，如《莊子．養生主》所說：人的生，適時而來；人的死，順時而去（「適來，時也；適去，順也」）。人生在世，理應享盡天賦的壽命。然而，暴政者為了維護一己的權益，斧鉞威禁、恣意殺人，以此作為控馭臣民的工具，使得許多人本應屬於自然的死亡（「司殺者殺」），卻在年輕力壯時被統治階層驅向窮途，而置於刑戮（「代司殺者殺」）。這無疑是令人氣憤的。

七十五章。

民之饑，以其上食稅之多，是以饑。
民之難治，以其上之有為①，是以難治。
民之輕死，以其上求生之厚②，是以輕死。
夫唯無以生為者③，是賢④於貴生⑤。

導讀

剝削和高壓是政治禍亂的根本原因，在上位者橫徵暴斂，厲民自養，政令繁苛，百姓動輒得咎。一旦到了這種地步，人民便會從饑餓和死亡的邊緣挺身而出，輕於犯死了。

譯文

人民所以饑餓，就是由於統治者吞吃稅賦太多，因此陷於饑餓。
人民所以難治，就是由於統治者強作妄為，因此難以管治。
人民所以輕死，就是由於統治者奉養奢厚，因此輕於犯死。
只有清靜恬淡的人，才勝於奉養奢厚的人。

注釋

①有為：政令煩苛，強作妄為。
②以其上求生之厚：由於統治者奉養奢厚。「上」字通行本原闕，據傅奕本增補。

③無以生為：不把厚生奢侈作為追求的目標，即不貴生，生活要能恬淡。

④賢：勝。

⑤貴生：厚養生命。

賞析與點評

本章同樣對虐政提出的警告。本章和前面第七十二章、第七十四章都在揭示社會動亂的根源——「民之饑，以其上食稅之多，是以饑」。老子身處上位者橫徵暴斂的時代，目睹「朱門酒肉臭，路有凍死骨」的場景，因此希望在上位者為政清靜恬淡、薄徵賦稅。放眼世界，橫徵暴斂帶來的社會問題至今仍舊存在，老子之言可謂真知灼見！

七十六章。

人之生也柔弱①，其死也堅强②；草木之生也柔脆③，其死也枯槁④。故堅强者死之徒，柔弱者生之徒。是以兵强則滅，木强則折⑤。强大處下，柔弱處上。

導讀

本章重申「柔弱勝剛強」(第三十六章)的道理。老子從人類和草木的生存現象，說明成長的東西都是柔弱的狀態，而死亡的東西都是堅硬的狀態。老子貴柔戒剛的思想又見於第三十六、四十三和七十八章。

譯文

人活著的時候身體是柔軟的，死了的時候就變成僵硬了；草木生長的時候形質是柔脆的，死了的時候就變成乾枯了。因此，堅硬的東西屬於死亡的一類，柔弱的東西屬於生存的一類。

因此用兵逞強就會遭受滅亡，樹木強大就會遭受砍伐。凡是強大的，反而居於下位，凡是柔弱的，反而占在上面。

注釋

① 柔弱：指身體的柔軟。

②堅強：指身體的僵硬。
③柔脆：指草木形質的柔軟。
④枯槁（ㄍㄠˇ）：形容草木的乾枯。
⑤兵強則滅，木強則折：通行本作「兵強則不勝，木強則兵」，據《列子．黃帝》《淮南子．原道訓》改正。

賞析與點評

老子從萬物的活動中觀察到物理之恒情，斷言：「堅強者死之徒，柔弱者生之徒。」我們可以從兩個方面進行理解：首先，從事物的內在發展上看，強悍的東西易失去生機，柔韌的東西則充滿生機。其次，從事物的外在表現上看，堅強者之所以屬於死之徒，是因為它們常常向外顯露、突出，所以當外力衝擊時，便首當其衝。相應的，人的才能過分向外顯露、突出，也容易招忌而遭致掊擊，正如高大的樹木容易引來砍伐一樣。人為的禍患如此，自然的災難亦莫不然；狂風吹刮，高大的樹木往往被摧折。小草由於它的柔軟，反而可以迎風招展。

七十七章。

天之道，其猶張弓與？高者抑之，下者舉之；有餘者損之，不足者補之。天之道，損有餘而補不足；人之道①則不然，損不足以奉有餘。孰能有餘以奉天下？唯有道者。是以聖人為而不恃，功成而不處。其不欲見賢②。

導讀

本章在自然規律和社會規則之間進行對比和說明。老子感慨世間多少富貴人家不勞而獲，多少權勢人物苛斂榨取，社會上處處可見弱肉強食的情形，當時不僅貧富差距愈來愈懸殊，而且強豪兼併之風也愈來愈熾盛。相比之下，自然的規律則不同，它是拿有餘來補不足，進而保持均平調和。老子期望社會的規則能夠效法自然規律的均平調和，期望人道能夠取法於天道。

譯文

自然的規律，豈不就像拉開的弓弦一樣嗎？弦位高了就把它壓低，弦位低了就把它升高；有餘的加以減少，不足的加以補充。自然的規律，減少有餘，用來補充不足。人世的行徑，卻不是這樣，卻要剝奪不足，來奉養有餘。

誰能夠把有餘的拿來供給天下不足的？這只有有道的人才能做到。

因此有道的人作育萬物而不自恃己能；有所成就而不以功自居。他不想表現自己的聰明才智。

注釋

①人之道：指社會的一般律則。

②見：即現。賢：聰明才智。

賞析與點評

在天人關係的問題上，老子有兩種談論的方式：一、推天道以明人事——人道啟發於天道，這是要人道取法於天道。二、天道與人事的對反、對比——以天道反襯出人事的亂象，如本章「天之道，損有餘而補不足；人之道則不然，損不足以奉有餘」。老子以天道的「損有餘而補不足」對比人道的「損有餘而奉不足」，認為應該拿有餘來彌補不足，實現均平調和，不再出現「庖有肥肉，廄有肥馬；民有饑色，野有餓莩」（《孟子．梁惠王上》）的現象。老子對分配正義的呼喚表現出強烈的社會責任意識，老子這樣做的目的終究是要人事取法於天道。

七十八章。

天下莫柔弱於水，而攻堅强者莫之能勝，以其無以易①之。

弱之勝强，柔之勝剛，天下莫不知，莫能行。

是以聖人云：「受國之垢②，是謂社稷主；受國不祥③，

是為天下王。」正言若反④。

導讀

本章老子以水為例說明以柔克剛的道理，借用水的意象來比喻「道」的德性。水趨下居卑，有「不爭」之德。與此同時，水又綿綿不絕，任何堅固的東西都抵擋不住，水滴石穿。所以這裡水的「柔弱」不是軟弱無力的意思，而是含有堅韌不拔的性格。

譯文

世間沒有比水更柔弱的，衝擊堅強的東西沒有能勝過水的，因為沒有什麼能代替它。弱勝過強，柔勝過剛，天下沒有人不知道，但卻沒有人能實行。

因此有道的人說：「承擔全國的屈辱，才配稱國家的君主；承擔全國的禍難，才配做天下的君王。」正道之言好像反話一樣。

注釋

① 易：代替。

② 受國之垢：承擔全國的屈辱。

③受國不祥：承擔全國的禍難。

④正言若反：正道之言好像反話一樣。

賞析與點評

老子反復申明柔弱勝剛強的道理，本章又通過水來強調這一點。

胡適就讀康奈爾大學（Cornell University）時，在校園鐵橋上俯視著由瀑布沖刷而成的壯麗峽谷時，就曾對老子的水喻深有所感：「徐步上立，立鐵橋上，下視橋下，瀑泉澎騰飛鳴，忽然有感，念老子以水喻不爭，大有至理。（『上善莫若水。水利萬物而不爭。』又曰：『天下莫柔弱於水，而攻堅強者莫之能勝。』又曰：『天下之至柔，馳騁天下之至堅。』）不觀乎橋下之水乎？今吾所見二百尺之深谷，數里之長湍，皆水之力也。以石與水抗，苟假以時日，水終勝石耳。」（《胡適日記全集》第二冊）

七十九章。

和大怨，必有餘怨，安可以為善？
是以聖人執左契①，而不責②於人。有德司契③，無德司徹④。
天道無親⑤，常與善人。

導讀

本章旨在提示為政者不可蓄怨於民。用稅賦來榨取百姓，用刑政來箝制人民，都足以構怨於民。理想的政治是以德化民——輔助人民，給與而不索取，絕不騷擾百姓，這便是「執左契而不責於人」的意思。

譯文

調解深重的怨恨，必然還有餘留的怨恨，這怎能算是妥善的辦法呢？因此聖人保存借據的存根，但是並不向人索取償還。有德的人就像持有借據的人那樣寬裕，無德的人就像掌管稅收的人那樣苛取。自然的規律是沒有偏愛的，經常和善人一起。

注釋

①契：契券，就像現在所謂的合同。古時候，刻木為契，剖分左右，各人存執一半，以求日後相合符信。左契是負債人訂立的，交給債權人收執，就像今天所說的借據

存根。

②責：索取償還，即債權人以收執的左券向負債人索取所欠的東西。

③司契：掌管契券。

④司徹：掌管稅收。徹是周代的稅法。

⑤天道無親：天道沒有偏愛，與第五章「天地不仁」意思相同。

賞析與點評

「天道無親」和第五章「天地不仁」的觀念是一致的，都是非情的自然觀，客觀地說明自然的常則。人的心裡常有一種「移情作用」，心情開朗時，覺得花草樹木都在點頭含笑；心情抑悶時，覺得山河大地都在哀思悲愁，這是將人的主觀情意投射給外物，把宇宙加以人情化的緣故。老子卻不把人的主觀情意附加給外物，所以說自然的規律是沒有偏愛的感情的（並非對哪一物有特別的感情，花開葉落都是自然的現象，不是某種好惡感情的結果）。所謂「天道無親，常與善人」，並不是說有一個人格化的天道去幫助善人，而是指善人之所以得助，乃是他自為的結果。

八十章。

小國寡民①。使有什伯②人之器而不用，使民重死③而不遠徙。雖有舟輿，無所乘之；雖有甲兵，無所陳之。使民④復結繩⑤而用之。甘其食，美其服，安其居，樂其俗。鄰國相望，雞犬之聲相聞，民至老死，不相往來。

導讀

「小國寡民」是老子為小國設計的自處之道。在這樣的社會裡，沒有戰亂，沒有重賦，沒有暴戾和兇悍，每個人單憑自己純良的本能生活，民風淳樸厚實，與文明的汙染相隔絕。這幅上古時代百姓安足和諧的生活，頗富詩意。

譯文

國土狹小人民稀少。即使有十倍百倍人工的器械卻並不使用，使人民重視死亡而不向遠方遷徙。雖然有船隻車輛，卻沒有必要去乘坐；雖然有鎧甲武器，卻沒有機會去陳列。使人民回復到結繩記事的狀況。

人民有甜美的飲食，美觀的衣服，安適的居所，歡樂的習俗。鄰居之間可以互相看得見，雞鳴狗吠的聲音可以互相聽得著，人民從生到死，互相不往來。

注釋

①小國寡民：老子在古代農村社會基礎上構想的理想化的民間生活情景。

②什伯：十倍、百倍。通行本「什伯」後缺「人」字，據河上公本增補。

③重死：以死為重。

④民：通行本作「人」，據帛書乙本改正。

⑤結繩：沒有文字之前，百姓結繩以記事。

賞析與點評

本章的「小國寡民」，常被現代學人認為是老子理想的政治藍圖。但考察《老子》全書，老子並沒有非要「小國寡民」不可的主張，他還常常提到如何治理大國、統領天下的問題。如「治大國若烹小鮮」（第六十章），「大國者下流，天下之交，天下之牝」（第六十一章），「江海所以能為百谷王者，以其善下之，故能為百谷王」（第六十六章），這些都是為大國設計的治國安民方案。

事實上，老子對於大國、小國的治理之道同樣關心。老子身處的春秋時期有一百多個大小邦國，國與國之間往來頻繁，如何和平相處、良性互動，是老子關注的時代課題。

本章呈現了老子對於當時文明走向的反思。兵器舟船、鑄鐵器械的進步，應該用於生活便利，而不是拿來作為掠奪的工具。字裡行間透露出老子對於戰爭掠奪的不滿，以及對於純樸自然生活的嚮往。

老子反對的不是文明本身，而是有國者對文明的濫用。吳宏一教授也指出：「千萬不要誤以為老子在開時代的倒車。所謂知其文明、守其素樸的一種人文的精神境界，可能是比較中肯的說法。」（《老子新繹》）

八十一章。

信言①不美，美言②不信。

善者不辯，辯者不善。

知者不博③，博者不知。

聖人不積④，既以為人，己愈有；既以與人，己愈多。

天之道，利而不害；人之道⑤，為而不爭。

導讀

本章由修身、為學到治世，有為全書作總結之意。全文分作兩節，前三句談修身與治學，「信言」與「美言」對舉、「善言」與「辯者」對立，正如《老子》第二章前兩句「美」與「醜」的對舉、「善」與「惡」的對立。「知者不博，博者不知」，涉及治學中博雜與專精的關係問題。本章後半部著重表彰聖人「不積」、「利他」的美德，為世人修身治世的典範。

譯文

真實的言詞不華美，華美的言詞不真實。

行為良善的人不巧辯，巧辯的人不良善。

真正瞭解的人不廣博，廣博的人不能深入瞭解。

有道的聖人不私自積藏，他儘量幫助別人，自己反而更充足；他儘量給與別人，自己反而更豐富。

自然的規律，利物而無害；人間的行事，施為而不爭奪。

注釋

①信言：真話，由衷之言。
②美言：華美之言，即巧言。
③博：廣博。
④積：積藏。
⑤人之道：通行本作「聖人之道」，據帛書乙本改正。

賞析與點評

一、當代中西方學者多誤以為老子是反倫理道德者，其實不然。孔子曾問禮於老子，兩者在倫理要目上有許多相通之處，如仁愛、孝慈、忠信等。以忠信為例，孔子說「主忠信」（《論語．學而》），老子也強調「忠信」的重要性，第三十八章說：「夫禮者，忠信之薄，而亂之首。」其意為：禮最重要的內涵是忠信，如果忠信不足，禍亂就要開始了。在道德要目中，老子提到最多的就是「信」，全書出現十五次之多。

二、本章還談到聖人積極的現實人生取向，老子說：「聖人不積，既以為人，己愈有；既以與人，己愈多。」這不禁讓人想起尼采的「給予的道德」（the gift-giving virtue），弗洛姆（Erich Fromm）在《愛的藝術》（*The Art of Loving*）一書中也非常推崇這種「給予的道德」。

三、最後，老子以「天之道，利而不害；人之道，為而不爭」作為全書的總結。這一「推天道以明人事」的思維方式，展現出道家強調人道應當取法天道的獨特思維。

縱觀《老子》全書，共有四個特殊的思維方式，分別是：一、相反相成的思維方式；二、循環往復的思維方式；三、天地人整體性的思維方式；四、天道推演人事的思維方式。

國家圖書館出版品預行編目 (CIP) 資料

老子導讀及譯註：你的第一本道德經入門書 / 陳鼓應著 . -- 初版 . -- 新北市 : 臺灣商務印書館股份有限公司 , 2022.09
336 面 ; 14.8×21 公分 . -- (人文)

ISBN 978-957-05-3435-1（平裝）

1.CST: 道德經 2.CST: 注釋

121.311 111009938

人文
老子導讀及譯註
你的第一本道德經入門書

著　　者——陳鼓應
編　　修——蔣麗梅／陳佩君／苗玥／許瑞娟
發 行 人——王春申
審書顧問——陳建守
總 編 輯——張曉蕊
責任編輯——何宣儀
特約編輯——許瑞娟
封面設計——張　巖
內頁設計——薛美惠

營 業 部——王建棠／謝宜華／蔣汶耕

出版發行——臺灣商務印書館股份有限公司
23141 新北市新店區民權路 108-3 號 5 樓（同門市地址）
電話：（02）8667-3712　傳真：（02）8667-3709
讀者服務專線：0800056196
郵撥：0000165-1
E-mail：ecptw@cptw.com.tw
網路書店網址：www.cptw.com.tw
Facebook：facebook.com.tw/ecptw

局版北市業字第 993 號
初　　版——2022 年 9 月
初版 3.3 刷——2024 年 3 月
印 刷 廠——沈氏藝術印刷股份有限公司
定　　價——新臺幣 450 元
法律顧問——何一芃律師事務所